王阳明传

WANGYANGMING
ZHUAN

王勉三／著

天津出版传媒集团
天津人民出版社

图书在版编目（CIP）数据

王阳明传 / 王勉三著. -- 天津 : 天津人民出版社，
2024. 8. -- ISBN 978-7-201-20561-8

Ⅰ. B248.2

中国国家版本馆CIP数据核字第2024G1M923号

王阳明传
WANGYANGMING ZHUAN

出　　版	天津人民出版社	
出 版 人	刘锦泉	
地　　址	天津市和平区西康路35号康岳大厦	
邮政编码	300051	
邮购电话	（022）23332469	
电子信箱	reader@tjrmcbs.com	

责任编辑	岳　勇
封面设计	宋双成

印　　刷	三河市天润建兴印务有限公司
经　　销	新华书店
开　　本	880毫米×1230毫米　1/32
印　　张	9
字　　数	170千字
版次印次	2024年8月第1版　2024年8月第1次印刷
定　　价	49.80元

例 言

一、王阳明不仅是明代的大师，更是中国的大思想家、大哲学家。他的学说，不仅影响中国，还影响到了日本。至今日本人士，仍是极端地崇拜、信仰着。像这样伟大人物的生活，真值得为我们所应当知道的。此本书之所作也。

二、本书根据典籍，用有条理的文字，来介绍王阳明的生活，如家庭、幼年、游历、应试、政治、改过、讲学、贬谪、剿匪、平逆、晚年……，均包举无遗（琐屑无关大要，与荒诞不足征信者，则从略）。至于阳明的时代背景，因与他的生活有密切的关系，故亦兼为述及。目的务将整个的王阳明，完全显示出来，再使读者，对于王阳明，有一个深切的了解和认识。

三、本书引文，选择至为谨严；而引用者，亦适如其当，无冗堆滥举、纷列杂陈之弊。

四、本书参考卷籍，虽不下十余种，但书籍无穷，个人所见，究属有限。内容贫陋，自知难免，尚祈读者谅之！

五、本书因限于篇幅、时间，其不能满读者之意，料必甚多；加以作者学殖荒落，俗务萦扰，自不免有纰谬浅陋、贻笑方家之处。读者倘肯惠然不吝指正，作者愿诚恳地接受。

六、此书所能告成，内子陈端玉实予以不少助力，且更任校雠劳苦。心感之余，崀志以谢！

导　言

我们中国有件极可珍贵的宝物，可惜遗失在日本去了，现在愿我们大家，赶快去拿回来，自己享用，不要长此让它留在异国，替异国去发扬文化，扩张国力；而我们失主，不闻不问，还是摆起"天朝大国"的架子，以为本国的宝物很多，遗失了一二个，算不了怎么一回事，那就太可惜，而且是太不对呀！

这件宝物，是怎样一件东西呢？它有怎样的价值，可令人珍贵呢？遗失了不拿回来，有怎样的利害呢？想要明了这几个问题，须得请看下面的答案。

这件宝物，不是别的东西，就是曾经支配中国思想界，有百余年之久的"王学"！

至于要明了"王学"的价值，与其极可珍贵之点，则请先看几位明眼能识宝物的大家，对此宝物的评估：

黄梨洲说：

有明学术，……自姚江指点出"良知"，……便人人有个作圣之路，故无姚江，则古来学脉绝矣！前夫阳明者，皆阳明之导河；后夫阳明者，皆阳明之华胄。……要皆以"王学"为中心。

毛大可说：

顺治末年，……赖世祖曰："守仁之学，有似孟子。"……皇上谕之曰："守仁之学，过高有之，未尝与圣学有异同也。"大哉王言！盖自是，而姚江绝学，经二圣断定，千秋万世，又谁敢有非之者！

梁启超说：

至于"王学"的大概，……可以说："'王学'是中国儒教、印度佛教的结合体。"也可以说是："中国文化和印度文化结婚所生的儿子。"……实在说来，明末的一百年内，"王学"支配了全中国，势极伟大，我自己很得力于"王学"，所以极推尊他。

好了，即此评估，已可了然"王学"的价值之一斑，不必再去繁征博引了。

以上是评定"王学"的价值，极可珍贵，值得我们加以研究奉行的。至于王阳明的本身，是否也值得研究，我们再看几位大儒，对于阳明本身下的批评怎样：

王阳明传

刘蕺山说：

周子其再生之仲尼，明道不让颜子，横渠紫阳亦曾思之亚，而阳明见力，直追孟子。自有天地以来，前有五子，后有五子，斯道可谓不孤。

毛大可说：

尧舜相禅，全在事功；孔孟无事功，为千秋大憾。今阳明事功，则直是三代以后，数千百年一人。即令无学，亦既在孝弟忠信、正谊明道、志士仁人之上；而学复如是，虽使亲入圣门，亦应不出由赐下。

黄道周说：

文成出，而明绝学，排俗说，平乱贼，驱鸟兽……自伊尹以来，乘昌运，奏显绩，未有盛于文成者也。

梁启超说：

阳明才气极高，不但学问，便是事功也很伟大。

好了，有了这以上的批评，也可想见其余了。为使读者深一层地易于认识阳明起见，作者特再下一个简而且浅的介绍："阳明不仅仅是一个大哲学家，而且还是大文学家、大教育家、大军事家、大政治家。他的文学天才、教育主张、军事学识、政治才能，在在均能与他的哲学相媲美。别人纵博而不能专精，他却是愈博愈专愈精，他所以能超越前人之处即在此。"

我们看了上面的说话，已都知道王阳明是极有价值可以研究的一个人了；而他的学说，尤其是有研究的价值了。

既然是王阳明与他的学说，都有可研究的价值，那么我们应当怎样去研究呢？研究之先，应从何处下手呢？

这也不用多谈，当然应该先从他的生活方面下手了。梁启超说："居恒服膺孟子知人论世之义，以谓欲治一家之学，必先审知其人身世之所经历，盖百家皆然；况于阳明先生者，以知行合一为教，其表见于事为者，正其学术精诣所醇化也。"这几句话，真是确切而有至理。"经历"即是生活，要是想研究"王学"与王阳明，则非先从阳明生活方面下手不可。

阳明的生活，是个容易叙述的吗？不，不容易。虽然有年谱、行状等参考，然而决不能学写誊清账簿一般依样葫芦，有一件写一件的呆板工作。如若是这样"誊清"式写的阳明生活，倒不如直截了当的，看年谱、行状，还比较得好些。

综计他一生的生活，学骑射，学任侠，学辞章，学佛修道，讲学化夷，投身政海，削平盗逆……许许多多的事迹，也不是这样一本小册子，所能叙述得完；更不是学殖荒落的我，所能胜此重任！

最后，我敢大声告诉读者说：

第一，这本《王阳明生活》[①]，乃是作者初次的试作，目的在借以引起读者研究阳明生活的兴趣。

第二，这本《王阳明生活》，是备作读者研究"王学"一个小小的参考资料。

第三，这本《王阳明生活》，是个催起读者、收回遗失在日本的珍贵宝物之推动机。

①　注：《王阳明传》原名《王阳明生活》。

王陽明公像贊　明山陰張陶庵岱撰

聖學淵源必宗鄒魯良知良能孟氏是祖

訾為異端人皆齗齗不朽兼三歷爵臻五

既列勳臣復祀兩廡人皆妒之遂多簧鼓吾

論姚江竊效韓愈引導之功不下大禹

八葉傳神穎相承以心師既起宗相授以言
怛曰完于稽微見師遺之淵承我蜀師志
何以似年懷惟日之不足庶相屬乎後賢
吾自哉章阿閭至教言斟劬廬蓋身心少
學問由戚中和體談功業兩祀仁善者委
十暨一心良知和礼裒俯何古今至誠含道
姓寧正思百世賢

門生錢德洪洪

此王陽明先生小像兩旁為先生裔孫蘭陔所藏蘭陔

自真文功名湖南道為善代諸生後攜此兩遊黔少存梟使居

就有天子於載佛大子之神正有庄而
有盍神無方而無限歇已就有誠意觀
萬物象衙時我石目足十畫不離此而
可則反身石觀見大炯然者不容以沒是
謂本末而目／底裝不夫大子之真
門主王賢百升賢
舜江帘祥雨众炯盧農和一秩奉寶式朐

目　录

王阳明传

附录三　《王阳明先生图谱》

第一章

幼年生活与其家庭

第一节　世代的书香门第

要是提起阳明的家庭，可以用八个字来概括它。哪八个字呢？就是"书香门第，诗礼人家"这八个字。自从他的六世祖性常，一直到阳明，代代都是饱学名士，而且都是气节高超、孝行纯笃的；阳明的一生学问事业，实在受了家庭不少的影响。

阳明最初的祖先，是晋朝光禄大夫名览，原本琅琊人。览的曾孙羲之（就是我国称为"字圣"的），少随父旷渡江，家于建康，不久，徙会稽；后来子孙，又迁剡之华，再迁石偃，复迁达溪。二十三世迪功郎名寿者，重迁至浙江余姚；由此以后，再也没有迁移到别处了。

到元末明初时，阳明的六世祖，名纲字性常的。以文学知名，兼有大将之才，尤善识鉴。元末，天下大乱，奉母避兵于五泄山中，少与明诚意伯刘伯温友善。元亡明兴，刘伯温特荐于朝。时性常年已七十，而齿发精神还如少壮。官为兵部郎中，不久，潮民不靖，遂擢广东参议；往督兵粮，携十六岁子彦达往，竟及于难。彦达亦随入贼中，见父被害，则从旁哭骂求死，贼欲杀之，其贼酋不允，并容他缀羊革裹父尸而归。御史郭纯奏其事闻于上，为庙祀增城，并录用彦达。奈彦达痛父之死，愿躬耕养母，终身不仕，所以没有出来做官。

与准字公度，乃彦达子。少秉父教，隐居不出。时朝廷督有司访求遗逸甚严，使者至县，欲起翁，翁闻匿避，因而坠崖伤足，始免。但又恐有罪，不得已，以子世杰代之。与准长于易，曾著《易微》数千言。

世杰少有圣贤之志，尽通四书五经，及宋诸大儒之说。代父被征，备邑庠弟子员，旋即无意仕进。母临终时，嘱以家贫宜仕，乃应贡。祭酒陈敬宗荐于朝，未报而殁，著有《槐里杂稿》数卷。

天叙名伦，世杰子，人称竹轩先生，这就是阳明的祖父了。他的父亲死后，遗留下的仅仅书史数箧。竹轩于书无所不读，故异常渊博。魏瀚说他："善鼓琴，每风月清朗，则焚香操弄数曲；弄罢，复歌古诗词，而使子弟和之。识者谓其胸次洒落，方之陶靖节、林和靖无不及焉。"我们由此也可想见其为人。阳明之所以能成名，受祖父影响颇深，尤其是文学的方面。

阳明的父亲，名华，字德辉，别号实庵，复号海日翁。因曾读书龙泉山中，所以人又称他为龙山先生。从小，其祖授以古诗歌，经耳后便能背诵。六岁时，便道德非常之好，能拾金不昧。幼年气概迈众，见者无不惊叹。应试，大魁天下。不畏权势，敢于谏君之失。阳明忤刘瑾，瑾移怒德辉。瑾微时极慕德辉品望，闻阳明的父亲，即是德辉，怒稍解。阴使人召德辉，谓一见可立令跻相位。德辉峻拒不可，因此瑾欲陷之为快。母亲岑夫人殁后，寝苫蔬食，哀毁逾节，那时他也已有七十多岁了。阳明的道德，多为他父亲遗传，"有其父必有其子"，这话真不差呀。

德辉的原配夫人姓郑，就是阳明的母亲。阳明出世不久，他母亲便与可爱的亲儿长别了。继室姓赵，生了一女，嫁给徐爱（字横山，乃阳明门人）。又生二子，名守文、守章。侧室姓杨，生守俭。都是阳明的兄弟，但都远不及阳明。

阳明的夫人姓诸，因不育，抚从子正宪为子。诸卒，继娶张夫人，生一子，名正亿。生后不久，阳明便死了。

阳明的天资，本来就聪敏异常，又加之生到这样的好家庭里，受的又是家庭中良好教育，再复感受祖父、父亲的道德、文学影响，故能成就如许大功业，造成一个伟大的哲学家。

第二节　奇异的诞生

说起阳明的诞生，好像是一篇神话体的小说。你若说是"荒诞不经，不足为信"罢，他的朋友及门人都写述得实有其事，不像是杜撰的；你若说是相信他的朋友和门人的写述罢，却又荒谬异常，毫无可信的价值。科学家说"事所必无"，宗教家或者要说"理所或有"。总之，作者所叙述的，乃是根据阳明的朋友与门人等所传说；至于太荒诞不经的，则不能不删削去了。

大凡普通的小孩子，在母亲腹内到了十个月，就要如同瓜熟蒂落了；阳明却是不然，他比别人要多四个月。他母亲妊娠了十四个月，阳明才诞生，这事奇不奇怪呢？

这事还不能说是绝对的奇怪，奇怪的事，还在后面呢。

在阳明刚要诞生的时候，他的祖母正在熟睡，忽然天上五色云里，立着一个绯袍玉带的神人；鼓吹导前，神人手里抱一个很可爱的婴儿，由云中降下，把婴儿授给阳明的祖母，说："这个佳儿，是特地送给你家的。"祖母大喜。哪知陡然惊醒了，方知是个梦。正在暗思这个梦做得古怪，忽闻家中有小儿啼哭的声音，于是便有人来报喜，说是添了孙儿了。阳明的祖母，便知这个小儿的来历不小。又将这个异梦告诉给阳明的祖父听，他的祖父也为之惊奇不止。因此给阳明起个乳名，叫作云，意思说阳明是云中的神人送来的。渐渐人人都知道这件奇事了，于是大众便指阳明诞生的所在，名为瑞云楼，也无非是说这是一种祥瑞的意思罢了。

这事已就算得是件奇事了，但是还不止此，奇事还有啊。

阳明一出世，便得一种怪病，这个病，就是不会讲话，天生的一种哑病。普通的小孩子，到了两三岁，就要学讲话了。阳明到了五岁，还是如同哑巴一样；除了能啼哭以外，简直一句话都不能讲。这一来，倒让家里的人忧虑万状。任凭如何高明的医生，请来诊治，都是束手无策。虽然吃了许多药，也毫无一点效验可言。大家都以为阳明成了一个天然废疾的人，恐怕不易治愈；哪知偏偏来了一个奇怪的和尚，不用药，只要三言两语，就把这个废疾治好了。你看，这是多么怪异啊！

有一次，阳明在门前同着一些小孩子，正在嬉戏；忽然来了一个和尚，求见阳明的祖父竹轩，并说能治阳明的哑病。竹轩当然非常快乐，又命阳明来拜见和尚。和尚一见阳明，便叹惜着说："好个小儿，可惜给你们说破了！"又向阳明的祖父说道："天机是不可泄漏的，你们如何就随便拿来泄漏呢？你们既然泄漏，他自然不会讲话了。"阳明的祖父，也大为悔悟。和尚说毕，就飘然而去。阳明的祖父，便把阳明的"云"的名字改了，不许他人再唤作云。重又给阳明取个名字，叫守仁，字伯安。果然古怪，名字一改，阳明也忽然能张口讲话了，这究竟是不是一件很有趣味的奇事呢？

第二章

不凡的童子

第一节　一个天才的小诗人

诗人两个字，是多么清雅而又神圣的。一个小孩子，居然也号起诗人来了。他不但是个小诗人，还是一个富有天才的小诗人，这真值得人们的赞羡不已啊。

阳明确是一个富有天才的孩子，记得有一次——那时不过六七岁——他忽然背诵起他祖父读过的书来，而又诵得很纯熟。祖父非常的惊异了，就问："你这个小孩子，年纪这么小，又没有读过书，如何能知道背诵，而且背诵得这样的纯熟呢?"他笑着回答说："我先前，口里虽然不能讲话，但听却是会听的。因曾听得祖父读书，我在旁边也默记得很熟了。"

他的祖父知道，这是天生的夙慧，心里也自然非常愉快。

祖父从此，就教阳明读书。他的祖父，是个极有学问的大儒，阳明又是个聪颖绝伦的小孩子，这读书进步之速，不问可知，是有一日千里之势了。

阳明十岁的时候，他父亲已应试中了状元，于是派人回家迎请阳明的祖父至京侍养，阳明便随着祖父，与可爱的故乡暂告离别，一路到京师来。

　　　　　　　　　　　　　　王阳明传

到京后，有一天，他的祖父，带着阳明，约了许多朋友，到金山寺里去饮酒游山。来的也尽是知名之士，他们饮着高兴了，大众都提议吟诗。这位富有天才的小诗人，表现他天才的机会也来到了。

许多诗人，正在捻须的捻须，搔首的搔首，时候已过了许久，诗都没有做出来；这位"初生犊儿，不知畏虎"的小诗人阳明，却早已将诗做好，再也忍不住不说了："你们的诗，还没有吟出，我的诗却已做好了。"

这真是笑话，以一个十一岁的小儿，连乳气都没有褪尽，居然在一般大诗人面前，自己承认会作诗，这不是笑话吗？无论是谁，恐都不敢相信罢。

阳明的天才，知道的只有他的祖父，于是就命阳明，将做好的诗吟出来。阳明念道：

> 金山一点大如拳，打破维扬水底天。
>
> 醉倚妙高台上月，玉箫吹彻洞龙眠。

等阳明念完这首诗，把大众都惊异住了。但他们还不敢十分相信，疑是他祖父的代笔，故意使他孙子来博一个天才之名的。

这真是的，以一个垂髫的童子，就会吟诗，并又做得这样好，谁个能相信这事呢？

于是想出一个面试无弊的法子，就是另出一个吟"蔽月山房"的题目，要阳明当面做出来，借以觇其真伪，就可知道，内中是不是他祖父作的弊。

题目一出，这个童子，便毫不思索地又吟了出来：

山近月远觉月小，便道此山大如月。

若人有眼大如天，还见山高月更阔。

这一下，真把大众惊住了。果然诗人是没有年龄限制的，于是，大众再也没有什么异言，只有惊异！赞叹！羡慕！悦服！

他祖父从此更加喜欢他了。

第二节　何为第一等事

在幼年时候，阳明便豪迈不羁，颇有侠士之风。一个礼教信徒的父亲，于是忧虑起来。他恐怕他的儿子天生一副好灵性，一旦若误入歧途，则会拿来误用了，似又太可惜。因此便想聘请一位学识湛深的先生，来约束训导，使阳明能日往上进。父亲是常常这样地怀忧着。

但祖父却知道孙子，是绝不会走入歧途的；他确比阳明的父亲，还能了解阳明。这原因，就是阳明从祖父在家读书，他就知道的。阳明幼年的品格、气质、心性，都为祖父所深知，故此，祖父觉得阳明父亲的怀忧，是完全不曾了解他的儿子的缘故。

怀忧的父亲，终竟请了一位先生来，教阳明读书。

有一次，阳明和一个同窗学友，走在长安街上，偶然遇着一个看相的相士。相士一见阳明，便要看阳明的相；看完之后，便说道："我与你相之后，须要记着我所说的话：你的须到拂领的时候，便是初入圣境了；等到须上丹田时，便是在结圣胎了；再后，若是须到了下丹田，那时圣果已圆，你就做了圣人了。"说完之后，相士便走了。

以一个十一岁的小孩子，就会给相士相出将来会做圣人，并且果如相士之言，丝毫不爽。这是相士的相法灵验呢？还是后来好异的人所附会的呢？

自从听了相士的言语之后，阳明果真受了感触，常常对书静坐凝思，想学做圣人起来了。一个小小的童子，就有志要学做圣人，这是何等的志向！何等的胸襟！即此一端，也就够作一般少年的模范呀！

因为要立志学做圣人，阳明就觉得世上再没有比这还重要的事，于是就去问他的塾师道："什么是人生第一等的事？"那位脑筋充满了利禄思想的塾师，回答道："读了书，登了第，做了官，这就是人生的第一等事。"真的，在腐儒的心目中，这"读书、登第、做官"六个字，确是人生第一等事。读书的目的，是在应试登第；应试登第的目的，是在做官；做了官之后，人生至高无上的目的，乃算达到，便死而无憾了。哪知阳明却志不在此，他说："读书希望登第做官，恐怕不是第一等事罢！读书希望学圣贤，才是第一等事呢！"

这样大胆无畏不疑地说出这一句"读书学圣贤才是第一等事"的话，足使他腐朽的老师，为之咋舌惊异，使他不能不佩服他学生的立志之高超，他更不能不惭愧自己的立志之浅陋卑鄙。

过后，这话给阳明的祖父也知道了，便笑问着阳明说："你读书是要学做圣贤吗？"祖父是这样笑问着，由此，也可知他心里喜慰是如何了。

在此时，阳明做圣人的种子，已经播下了，我们再向后看它如何萌芽！如何灿烂！如何结果啊！

第三章

少年时代之阳明

第一节　慷慨的游踪

到京师居了两年，出了一件最不幸的事，并且是抱恨终身的一件不幸事啊！

当他在京忽然听得一个最不好的消息。原来他慈爱的母亲，竟抛弃了她十三岁的儿子阳明，而瞑目长逝了。

这是多么悲惨的一个消息，当他初听知这个噩耗的时候，几于心胆俱裂，肝腑俱摧。他此时伤痛，几已达到了极点。

从此，他才觉得"死"是人生第一悲痛的事，而且是没有法子可以避免这个"死"字的。因为演了这一幕悲剧之后，他渐渐感觉得人生的可厌；于是，就起了修道学佛的念头。因为"道"与"佛"，是能不死不灭的。他的人生观，和他的思想，已趋向消极态度一途了。

因母亲的死，几乎使我们这位大哲学家，跑到佛、道两条路上去，永远不到儒家的这条路上来。还好，他的消极态度、悲观思想，不过一时的为情感、意志、环境所冲动；故不久，仍旧恢复原来的思想、态度。

阳明在京又住了许久；于是抛却一切悲观消极的思想、态度，想作慷慨的游历了。

游历出发的目的，是在居庸关外。因为此时，关内正盗贼蜂起，关外又边患迭生。他很想借此到关外去，研究一个御边之策。原因是：国内的盗贼，比较易于剿平，不致成为什么大患；最堪忧虑的，是边寇猖狂，以致大好神州，有沦于夷狄之隐患；所以便要想法子去抵御它。这是阳明眼光远大、见识精到的地方；也是他将来政治上极有名的主张。

到了居庸关，便至许多夷人所在的种落，窥察边地形势，又历询诸夷人的情况，于是边情利害之处，了然已有成算，早以得着御边之策。后上疏所陈《边务八事》，就是此次游历考察的心得。也算没有辜负这次游历的本衷和目的了。

他又知道，国家正值多事之秋。仅仅晓得握管作文，是不能为国纾忧、经略四方的。便在关外，跟随着胡人学习骑射，练得很为纯熟，胡人也不敢稍为侮犯他。他要练习骑射的宗旨，是要为国效劳，抗御外侮；从此，我们可知他真是一个意气卓越、爱国好男儿呀！

因爱国思想，久萦脑际；于是，思起古时一个爱国家、御外侮的马伏波将军来了。他很企慕马伏波，能立功异域，为国争光，是青年一个最好的模范！他因企慕马伏波太切，故有一次，曾梦谒马伏波庙，他还作了一首诗。诗道：

卷甲归来马伏波，早年兵法鬓毛皤。

云埋铜柱雷轰折，六字题文尚不磨。

　　阳明这首诗的隐意，便是想继伏波之风，立功异域。可惜他虽有伏波之志，但因环境与伏波所处者不同，只好仍让伏波专美。一个负有绝大军事学识之爱国者，仅仅只在国内作剿贼平逆之用；不能如伏波一样，立功异域，这是多么可为阳明惋惜的事啊！

　　他因天下沸乱，很想将自己研究的心得，上策朝廷，借供采择；但是被祖父阻止了，并斥他太狂妄。虽然此时被祖父所阻，可是后来他还是陈了《边务八事》的疏，究竟将他的心得，贡献于朝廷了。

第二节　新　婚

　　阳明的婚事，是从小由他父亲做主，替他订的。这次在江西，要举行婚礼。因新婚，而在新婚那天，就闹出一件极有趣味的笑话。这个笑话，至今还留在后人的口中，永远永远地不会忘记。

　　他的外舅，姓诸名养和，是江西布政司参议。闻知阳明已由京回归余姚，又知他已有十七岁，而自己的女儿，也已成人，正是"男大当婚，女大当嫁"的时候。于是命人到余姚去请阳明，亲到江西来迎娶。若是依阳明的意思，似乎还可以再过几年也不为迟；无奈祖父母抱孙的心太切，只好依从。原来他心里，总蕴藏一种修道的观念，没有抛弃，故此对于婚事，却倒是非常冷淡。

　　到了江西，就到外舅的官署里委禽。新婚合卺的那天，自然花烛辉煌，非常热闹。在这热闹的时候，那位新郎王阳明，却不见了。于是四处寻觅，结果杳无踪迹。把诸家惊骇疑虑得不知怎样才好，尤其是一般贺喜的宾客，更弄得莫名其妙，都纷纷诧异猜疑不止。聪明的读者，请暂时掩卷，莫看下文，来猜一猜，这位新郎为什么事不见了？究竟到什么地方去了？这真是一个极有趣味的哑谜呀。

原来这一天，因太热闹了，这位好静的新郎，实在很厌恶这样，所以乘人不备的时候，便私自出了官署，往外面闲游。不知不觉地，却走到了铁柱宫，进去看见一个精神健旺的道士，在榻上趺坐。阳明是个极想修道的，今见道士，正好借此问修道养生的道理，于是便同道士谈论养生问题起来。道士音如洪钟，滔滔不绝地往下谈，阳明也津津有味地往下听；最后相坐对谈，更觉投机。阳明此时，已听得入迷，把身外一切的事都忘了。什么洞房花烛，什么百年大事，他一古脑儿都不知忘在什么地方了。他已忘记自己还是一个将要饮合卺酒的新郎；更忘记还有一位新娘子，在那里冷冷清清、孤孤凄凄地等候哩。

就是这样同着道士相座谈了一夜，直到第二天，才被诸家的人找着。这时，他方才记起来了。记起昨天，原来是他的新婚佳期，被自己糊里糊涂地同道士谈忘记了。只好重又回来，补行婚礼。这样健忘的故事，真是古今少有。阳明个性之奇特，于此也就可以想见了。

结了婚之后，在外舅的官署里，闲着没有事情可做，看见官署里藏蓄的纸很多，便天天临池学书。许多篓里的纸，都被他临写已完，由是书法大有进步。他自己曾说过，他临帖学书的心得："吾始学书，对模古帖，止得字形；后举笔不轻落纸，凝思静虑，拟形于心，久之始通其法……"

在以前宋朝时候，有个东莱吕祖谦先生，也是在新婚蜜月里，著了一部文学杰构，叫作《东莱博议》；而这位阳明先生，在新婚后临帖学字，书法大进。这都是我国文坛上，两个最有名的佳话。

第三节　学生生活

　　无论什么人，要想成为一个伟大人物，必须先要从名师受业。翻开中国伟人的历史来看，哪一个不是受了名师的陶烙、指授，才能成就他的大功业、大学识，我们的阳明，自然也不能逃出例外。他有两个先生，一个是教授文的，一个是教授武的，现在来分别说之。

　　娄一斋——教文的娄一斋，名谅，上饶人，是个大学问家。对于理学——就是哲学，有深切的研究，那时正在广信讲学。阳明在江西结了婚之后，便带着他新婚的妻子，同归余姚。舟至广信地方过，闻知娄一斋在此讲学，他素来听说一斋学问非常之好，他就很为钦慕，苦于没有机会去见晤一次。这回恰好路过此地，便舍舟上岸，前去访谒。斋见了阳明，异常喜爱，于是对阳明谈了许多宋儒"格物"之学。并又说："圣人是可以学得到、做得到的。"这一次的谈话，使阳明得了不少的益处。娄一斋是个大理学家，所说的话，都是极有价值的。阳明想研究哲学的动机，便在这时开始了。后来能够发明"知行合一"的学说，在中国哲学史上，创辟一新境域，也得力于这次一斋谈话影响的不少。所以一斋就是阳明的第一个先生。

　　　　　　　　　　　　　　　　　　　　王阳明传

许璋——教武的许璋，字半圭，上虞人，是个大军事学家。凡天文、地理，及孙、吴韬略，奇门九遁之术，无不精晓。阳明的军事学识，多半受之于他的先生半圭。我们只看这样会用兵的阳明，就可以推测半圭的学问了。半圭是个淡于名禄，而又爱讲修道的。阳明在阳明洞养病时，也常同他的先生半圭，共参道妙。及阳明大功告成之后，送半圭一些金帛，半圭丝毫不肯受；阳明又想荐之于朝，半圭反说道："爵赏非我所愿要的，你又何必以这些东西来相强呢！"后来活到七十多岁才死。阳明以文哭之，题其墓曰："处士许璋之墓。"

这两个先生，真可说是阳明的两位益师。学说上的成就，得力于教哲学的先生娄一斋；功业上的成就，得力于教军事学的先生许璋。要是没有这两位先生，阳明无论怎样，不能成就这样的伟大，然这正是阳明之幸啊！

在这年，龙山公因丁外艰，回归余姚，于是命阳明和从弟冕阶、宫同着妹婿牧相等，在一处研究八股文，讲经析义，预备应试科举之用。人多一点，也无非是取其易收切磋之效。阳明白天里，对于课业，倒不十分用功去练习；可是每大晚上，候其余的人都入睡乡之后，他反而搜求经、史、子、集，殚精穷思地研究起来。

他为什么要这样呢？原来他另抱了一个宗旨。他觉得学习八股文，无非徒供猎取功名仕禄之用，此外就毫无用处；至如经、史、子、集，是人终身受用不尽的。而且是每个人，都应当研究的。所以略于八股，而独特别致力于经、史、子、集了。

过后，他的三位长辈同学，冕阶、宫、牧相，都觉得阳明所作的文字，大有突飞猛进、一日千里之势，愈做愈佳，竟无半点瑕疵可寻，均皆自愧不如。及知阳明在每天晚上，另又用功于经、史、子、集，于是都赞叹着说："他原来在学八股文之外，又另去用功于经、史，那我们怎能及得他呢？"

可怜的他们，只知以仕禄为目的去研究八股文，哪知世上还另有大学问、大道理，亟须研究的。他们要不是因附着阳明的一点关系，恐怕他们的名字，我们都莫能知道，他们只有寂寂无闻，同草木一般腐朽了。由此可见，人去研究学问，也须要放开远大眼光，立定高尚宗旨，不误入歧途才对呀！

阳明因多读书，气质也一天一天地变化了。他先前有一最不好的习惯——少年最容易犯的坏习惯，就是善谑；换句话来讲罢，就是他先前很喜作轻薄语。这当然是件不好的毛病，他自从研究圣贤书籍之后，已觉得这是很不好的习惯，非得速改不可。他悔了，他悔以前这许多的过失了。

他立志改过之后，由是不蹈先前的覆辙了。气质陡然一变，人众都很惊异起来。他们惊异阳明，忽然去了淳于髡、曼倩的谑态，却蓦地戴上一副晦庵、伊川的理学面孔了。于是都来诘问他，为什么这样？他回答说："我先前爱放逸善谑，现在我已悔悟，那都是过失，我决定立志改去不再犯了。"大众虽是听着他这样说，可是还不敢十分相信他能毅然勇于改过。等待过了许多时，方才证明他的改过，并不是欺人之谈。大众不由得不对阳明肃然敛容，发生敬重之心，再也不敢同他来戏谑了。

第四章

应试生活

第一节 "三人好做事"

　　弘治五年，浙江举行乡试，那时的明朝，对于科举考试，是特别注重的。读书要想出人头地，都非去应试一下不可。像这种科举制度，专门考试八股文，本来不是一件好事，无非牢笼人才，桎梏思想罢了。古人也曾骂它是："作经义贼中之贼，为文字妖中之妖。"但你不要出头便罢，如想出头，那么这道关口——科举，不从此经过就不行。

　　阳明的父亲，便是此中出来的第一个成功的人——状元，当然也想他的儿子，同他一样成功。所以在家命阳明学习八股，就是为的应试。在此，我们不能责备阳明同他的父亲，说他们是脑筋腐败。要知那时读书，除了习八股去应试，再没有第二条出路呀！

　　这次浙江举行乡试，当然是读书人出头的机会到了。阳明也来此应试，哪知在考场中，夜半的时候，忽然发现两个很长大的人，都穿着绯绿的衣服，东西分立着，大声说道："三人好做事！"说毕，就不见了，许多来应试在场的士人，都异常惊异，更不知这句"三人好做事"的话，是含着什么意思。本来爱迷信，差不多成了中国人的第二天性，尤其是在考场里。就是没有什么事情，也要疑神疑鬼，闹得不休；何况真又出现这两个长人，并且大声讲了话呢？

"三人好做事"这句话，究竟含着什么意思呢？又说的是哪三个人呢？这个问题，盘旋于在考场应试的士人的脑际，结果总不能找出一个相当的答案。

还是等阳明擒了宁王以后，这个问题，便给人们答了出来。

长人口中所指的"三人"，就是胡世宁、孙燧与阳明。在这次应试考场里，他们三人，恰都在内。后来宁王图谋不轨时，首先摘奸发伏的，便是胡世宁；其次，尽忠殉难的，便是孙燧；又次，平逆擒藩的，便是阳明。至那时，人们方才明白，明白了长人说的话的意思。所指的三人，即是胡、孙、王；所指的事，即是宁王的叛逆。

这确是一件特别凑巧的事，宁王之乱，几危及明室鼎祚，幸亏一个胡世宁，首先摘奸发伏，使人知濠之恶，不去归附；又亏一个孙燧，慷慨尽忠，使人感愤勃发，纷纷抗贼；又亏一个王阳明，设计调兵，平乱擒逆；由是明室社稷宗庙，均告无恙。而这三人，既是同乡（均浙江人），又是同榜（这次浙江乡试均被取中），复是同一事（宁王叛乱），这不是一件最凑巧的事吗？

至若考场中，两个长人所讲的话，虽然幸而言中，但终恐是后人因他们三人同乡、同榜、同事，故加附会，亦未可知。实在是太说得神乎其神，教我们不敢相信呀！

第二节　两次京师会试的失败

浙江乡试已毕，在家就取朱熹所著的遗书，沉思研读，欲求宋儒格物之学。有一天想到先儒谓众物必有表里精粗，一草一木，皆涵至理。于是就取竹来格，格来格去，结果还是格不出其理，由苦思而致得疾了。这种研究学问的精神，就是后来造成他哲学发明的因子哩。

因格物不得其理，渐觉这圣贤二字，自己是没有分了。连圣贤的道理，都不能明，如何可以做圣贤呢？此路不通，于是又去研究辞章之学，打算做一文学家了。

到了次年春季，就是会试京师的时期，阳明与试，不料落第而归。以一锐进的少年，忽然遭了这一个打击，心里的不快，是不言而喻。但我们莫误会了他，不是为落第、得不着仕禄而不快，他实在是抱着一腔爱国的热忱，未曾发泄，不能不借这科第，作为进身阶梯，方可立功报国，显亲扬名；若是以为他是急于求进为利为禄，那就未免误解了他哩。

在那时，有个宰相李西涯，素来是很器重阳明的。见他这次落第，心里非常惋惜。并且还对阳明慰藉说："你这次科第，虽然失败；但来科的状元，是一定会归你的。"又戏请阳明作一篇《来科状元赋》，他也就提起笔来，略不思索，一挥而成。当时在座的诸老，无不赞称之为"天才"，西涯也自佩服赞赏不已。

后来这事，渐渐传将出去，便有许多人嫉妒起来，说："要是让阳明真个做了状元，他的眼中，还有我们这些人吗？"于是一个天才卓越、意气飞扬的少年，几成了众矢之的。

过了三年，又要京师会试。预备做来科状元的阳明，因遭忌抑者的暗算，结果大失所望，还是"名落孙山"。与阳明同舍应试下第的人，都以这落第为耻，非常懊丧；哪知阳明，却完全不以为意，反来慰藉别人说："这应试落第，算得什么一回事呢？诸君还以此为耻么？我却是以不得第而动心，方才为耻哩！"大家不由得不佩服他的胸襟阔大。真的，对于科第荣辱，实在不在阳明的心上，得了也没有什么可骄，失了也没有什么可耻。看他后来，对他的门人徐爱说"君子穷达，一听于天，但既业举子，便须入场，亦人事宜尔。若期在必得，以自窘辱，则大惑矣……"的一篇话，就可知道他这时，不是矫情骗人了。

两次的失败，在普通人，是无有不懊丧万状的；然而阳明却不如此。他回到余姚时，与一般朋友，反在龙泉山寺，结起诗社来。每日拈题分韵，大作其诗。阳明的文学天才，本就超群绝伦，无出其右；而他的诗，更是旁人莫能及。那时，有个致仕方伯魏瀚，也是个作诗的能手，原是阳明的父执。有次与阳明共登龙山，对弈聊诗。不料所有佳句，总是被阳明先得了去，魏瀚实在佩服到了极点，连说："你的才太高，我唯有甘拜下风，退避数舍。"可惜他在少年时代的作品，集里大多数未曾收入。有人说，这是因他年少的作品，未臻炉火纯青之候，故不收入集中。但我们可以断定的，魏瀚既是个雄才自放的老诗人，也这样的佩服，被他压倒，作品当然总还不坏。惜乎我们不能一读，真是一个遗憾啊！

第三节　少年时代的矛盾个性

在余姚住了些时，仍又到京师来。这时边警甚急，举朝仓皇，朝廷想推择一个有大将之才的去捍卫国家，抵御外侮。可是一般醉生梦死的朝臣，谁都不敢负起卫国御侮的责任；即使有一二忠义奋发之士，但又非大将之才，不能荷此重任。阳明感到国家需才如此之急，而真才又如此之缺乏。专靠文事，是不足卫国御侮的。于是就立志从事兵家之学，并慨然说："武举之设，仅得骑射击刺之士，而无韬略统驭之才；平时不讲将略，而欲临时备用，不亦难乎！"本来，阳明对于骑射，早就娴习，对于军事学识，也受过了许璋的传授；但因为专心文事，所以对于军事一道，倒忽略未讲求了。这次受了边患复炽的感触，又才觉得军事之学，是不可抛弃，而且很为重要。于是便把兵家的秘书，一一精研熟究起来。

要是说起阳明少年时代的个性，却是极矛盾，而又极可笑的。一会儿抱着极端入世主义；一会儿又抱着极端出世主义。一会儿要学文；一会儿又要学武了。一会儿报国心极重；一会儿又一切都不愿管，只抱个人享乐主义，入山修道了。这大概是他太富于冲动性的缘故，只要环境一有转换，他便会受这转换的冲动，把原来的宗旨、心情，都给改变了，连他自己都拿不定。你看他刚才把一切抛开，专致力于研究兵法，预作他日为国效忠，这是何等爱国精神的表现！可是不久他就变了宗旨，又去弃武习文了，依然又去研究哲学了。

自从探求格物之理不得，乃去致力辞章艺能之学，后来又觉这是不足以通至道的学问，也没有什么大用处，便就遗弃，仍复回头研究哲学。又因自己所学不足，想遍访天下名师益友，互相切磋启导。但又不遇，他已徘徊歧路，惶惑莫知所从了。

有次，又去翻阅朱熹的书籍，忽读到上光宗的疏内有段"居敬持志，为读书之本；循序致精，为读书之法"的话，心中很悔以前自己的错误，虽然探讨甚博，却未循序致精，宜乎无有所得。于是，一反前之所为；又循其序，思得渐渍洽浃。但是，物理终是物理，吾心还是吾心，总判然是两样东西，不能融合为一。愈思脑筋愈模糊，愈不能得其解了。沉郁既久，老病复发，他更觉得这"圣贤"二字，自己确实没有分了。

因两次沉思朱熹的学说，不得其解而致病，使他渐感觉朱子的哲理，有许多短缺地方，不得不另图开辟。结果，便造成千古炫耀，与朱学并驾齐驱的"王学"。

为厌弃哲学，又偶闻道士大谈其养生之论，"圣贤"已知无分，遂想跟着道士入山修道，去讲养生的学问，不再过问世事。这个念头一起，他的人生观，陡地又变了。

王阳明传

一时要报国，一时又想入山；一时想做圣贤，一时又想讲养生；一时热度，几达沸点；一时又降到冰点之下。学业复杂，信仰无定，我们无以名之，唯有名之曰：环境冲动的矛盾个性而已。

弘治十二年，阳明已有二十八岁。在这年春季，又届会试之期，想入山做道士的念头，已经收起；又是豪兴勃勃，要来雪以前二次之耻了。揭榜之日，赫然名居南宫第二，赐二甲进士出身第二人。虽然不是状元，却比状元也差不了几多。有志者事竟成，以前之二次失败，就是助成这次的成功。较之一般稍为失败，而就气沮神丧、不再求前进的少年，真有天渊云泥之比呀！

一脚跳进了宦海，生活上自然起了大大的变化。这次试中，就是生活转变的一个大关键。我们看他少年的生活，已闭幕了；而政治的生活，却将启幕开始表演了。

第五章

初入仕途的政治生活

第一节　游历心得的贡献——御边政策

这一次会试，本来是应让阳明居第一名的，因为徐穆力争，所以退居第二；虽是第二，却反比第一名徐穆的声望大得多。天子又命他观政工部。这时他已成为一个新贵少年，大有意气不可一世之概哩。

秋间，工部特差阳明去督造威宁伯王越的坟墓，阳明很勤苦地替他鸠工修造。后来造好，威宁伯王越的家里人，都很感谢，特地送他许多金帛礼物，作为酬劳，阳明丝毫都不肯受。威宁伯家里的人，见他坚辞不受礼物，只好再用别的东西来送给他；明知财物他绝不受，除非是点高贵清雅的物品，或者他还肯留下。想来想去，只有威宁伯自己用的一把宝剑，现在还遗留在家里，而且家中又没人会使用，于是便把这剑送给阳明，并坚要其收下，不准再辞。阳明一见这剑，心中不胜惊异。原来他在未及第之先，就梦见威宁伯赠他一把剑；现看见的，就是梦中所见的宝剑一样。这样奇巧的事，教他如何不惊异呢？一来是威宁伯家里的人要他非收留此剑不可，二来正符梦中情事，所以就拜谢收了下来。

有天，京师忽然天空里彗星发现，弄得京师内外，人心惶

　　　　　　　　　　　　　　王阳明传

惶，惊惧变色，都视为大祸将至。这时又值边境不宁，虏寇猖獗，愈觉疑虑纷纷，连天子也有点心惊胆战。因为这个彗星，是个极不祥之物，如果一出现，就是刀兵四起，国事陵夷的先兆，唯有赶快设法禳解才好。至于禳解的法子，就是天子自己向天祈祷，引过自责；又一方面，下诏求言。这次京师忽然发现这个不祥之物，天子当然也异常忧虑，循例向天祈祷，又循例下诏求言了。

求言诏一下，阳明发展抱负的机会，也就来到。蕴积胸中的治边政见，借此正可以大大地发泄一下，于是便上了一疏。这篇疏内所陈共有八事：第一，是蓄才以备急。他眼见那时朝廷，虽设武举，所得不过偏裨之才，并非能韬略谋猷的大将。而公侯的子弟，又是虚应故事，阳奉阴违。一会议便仓皇失措，如何还能负起大任？国家不预为储蓄大将之才，以备急需，这是最危险的。第二，是舍短以用长。他觉人才是不易得，过于吹毛求疵，决定是不对的。即子思所说"勿以二卵，弃干城之将；勿以寸朽，弃连抱之材"的意思。第三，是简师以省费。这是主张兵贵精而不贵多。多而不精，且又耗饷。第四，是屯田以给食。这里颇含有寓兵于农之意，也是省饷持久的兵家要诀。第五，是行法以振威。这乃他愤恨当时一般丧师辱国的人，借着来头大，靠山好，虽是丧师辱国，却反逍遥法外，"朝丧师于东陲，暮调守于西鄙"。这样法等虚设，如何不懈战士之心、兴边戎之怨呢？唯有严厉执法，不稍宽徇，方可克敌制胜。第六，是敷恩以激怒。这是说要抚恤为国丧亡的将士，使死者无怨言，生者会感动。一方面激励其爱国心，一方面又使其恨敌复仇。第七，是捐小以全大。即兵法"将欲取之，必固与之"的诱敌之策。第八，是严守以乘弊。这是说：中国的军队，工于自守；胡虏的军队，长于野战。最好用中国军队之所长，严守勿战，蓄精养锐，以逸待劳，乘其疲罢，然后用奇设伏，出其不意，以击溃之：这篇疏是阳明以前调查胡虏虚实、研究兵法秘诀、参合当日情势的结晶品，也是阳明初步政治军事才能的表现。因其见得远澈，所以说得这样剀切。只可惜因权臣秉柄，天子暗弱，竟把这疏，屏置而不采用，以致国势日削，竟招覆亡之祸，都是明代天子自取啊！

第二节　九华山之游

自陈上《边务八事》的疏后，阳明的声望，更加隆起。天子虽然未采用他的奏疏，但是也很器重他有胆有识，才能迈众。授他为刑部云南清吏司主事职，并命他往直隶淮安等府，会同各该巡按御史，审判重囚。什么叫作重囚呢？就是犯了很重大罪的人，名为重囚。这些囚犯，其中真实犯了很重大罪的人，固然不少，但是没有犯罪，受了冤枉的，也不能说绝对无有。阳明在审判的时候，很为留心注意，丝毫不忽，一件一件，都断得异常清楚公平。有罪的自然逃不出森严的法网；无罪被诬的，自然就都得释放。狱平之后，人民都称颂不已。

在京当小京官，乃是最清闲的一个差事。阳明也是小京官中之一，幸亏还做了两件事——造威宁伯坟，与审江北重囚——借以破破岑寂，一到这两件事办完了之后，依然还是过清闲的日子。有次，忽动游山之兴，乃往安徽青阳九华山去游历，游毕还做了一篇《九华山赋》，这赋做得颇为当时人所传诵的。

他做的赋内并含有三重意思：第一，抱着救国救民的极端入世思想；第二，因入世不能，却又抱着独善其身、个人享乐的极端出世思想；第三，是如若初心可绍，还是入世贯彻初衷为得。这赋实可以代表此时阳明的思想，由此也可窥见其生活尚在歧路上彷徨着。这赋里前面多是说山，后段则几全是述个人的怀抱。我们于此要认清此时的阳明，乃是一个极端入世主义者。他的出世观念，乃是由于入世不能所致，绝非原来的本旨。他之所以想出世之切，便是他愈想入世之深了。

在游九华山时，住宿的是无相、化城诸寺。那时有个道士，名叫蔡蓬头，善谈仙。阳明遇着他时，款待极其恭敬，问他关于仙家的事。蔡蓬头答以"尚未"。阳明恐他是因人多处不便说，便避开左右的人，将蔡蓬头引到后亭，再拜而问，蔡蓬头笑道："你的后堂之礼貌虽隆，但你终忘不了官相呀！"说毕就一笑而去。原来蔡蓬头，明知阳明不是学道修仙的流侣，所以不愿多谈。

这时，阳明似真要抱着求仙的思想了，恭恭敬敬地问蔡蓬头，结果反受一顿讥讪，无故被他奚落而去。照情理说，他似应死心塌地，不再往仙家的路上跑，免得白碰钉子了。但他偏不忘情，又听见人言：地藏洞有个异人，坐卧松毛，不食人间烟火，确是一个活仙人。"求仙若渴"的阳明，听了这话，好奇的心又被打动。心想：这乃是一个好机会，不要轻轻错过了。于是就动身前往，沿途经历了许多的艰险，才能走到地藏洞，恰巧那位异人，正在熟睡未醒。阳明不敢去惊动他，就在异人的足旁坐下，一边用手来慢慢摩抚异人的足。异人忽地惊醒了，睁眼一见阳明，也不疑讶，好像已预先知道他来了的一样，只问："路这样的艰险，你是如何来的呢?"问了之后，就同阳明谈论最上乘的道。末后又说："周濂溪、程明道，是你们儒家的两个好秀才啊!"依这话的意思，便是有勉励阳明，还是学儒家周程最好。言外之意，便是教他莫向仙家的路上跑，免得误了自己。阳明到了第二次再去访他，异人已不在原地方。这大概为避免阳明重来，所以早就暗自迁徙别处去了，阳明只好怅怅而归。后来时常发"会心人远"之叹，就是为的想念这个异人。

在这时期，阳明好像入了魔似的，天天总在发"仙迷"，几乎除了学道修仙以外，简直再没有别的事情放在心上。我们这位大哲学家，难道就长此以往，这样的发"仙迷"吗? 不啊! 不啊! 光明的灯，已在那里辉煌开始将要照耀着他，他不久就会弃这黑暗的歧途，去走上那光明的大道了。

第六章

改过自新的生活

第一节　溺于辞章仙佛之最后觉悟

阳明在幼年时候，还能遵规循矩，立志上进；哪知一到了少年时代，便任性所为，宗旨无定。学业既是复杂异常，信仰又是朝迁夕易。综记起来：一溺于任侠，二溺于骑射，三溺于辞章，四溺于神仙，五溺于佛氏。这五溺之习，到了此时方才悔悟，而归正向圣贤之学，由此可以知道少时之豪放纵性，适所以锻炼其品格性情，养成其晚年之大器啊！

他在以前，原是个肆力古诗文的人，所作文字，力避当时一种模拟的风气，推倒一些陈腐的滥调，努力表现他创作的天才。至今中国文学史上，他还是高据一席，与韩、柳、欧、苏诸人并驾齐驱。可知他不独在哲学上获了大成功，就在文学上也是获了成功的。

初入京师，与太原乔宇，广信汪俊，河南李梦阳、何景明、姑苏顾璘、徐桢卿，山东边贡等人，以才名争相驰骋。这般人都是长于辞章的文学家，其中更以李梦阳、何景明二人为最负盛名。阳明因这时也爱研究诗章，故亦加入他们的团体，随着一样去以文笔赌出风头。过了一些时，他才悔悟，同这般人去争辞章之虚名，是不对的，而且也没有什么好结果的。充其成功，也不过是个晓通辞章的文学家，究与自己有何补益？乃叹道："我焉能以有限的精神，去学这些无用的虚文呢？"从此就收拾辞章旧习，与一般辞章之友告别，打算回越另找新工作来干了。

次日，阳明便上疏告病归越调养。这也并非饰词，在以前他就有个虚弱咳嗽的毛病，幸亏有个高明医生，给他诊愈了，但是病根尚未治绝，故此嘱他服食药石，还是不能间断，否则恐有复发之虞。阳明因见病已痊，对于医生的叮咛嘱诫，早已遗忘。自从造威宁伯的坟，勤督过度；又加以奉旨往淮甸审理重囚，沿途冲风冒寒，辛苦自不待言；复以审判时用心太过，以致旧疾又复萌芽，更以回到京师，呕心血、绞脑汁地争辞章之雄。在日里要治理案牍，晚上又要燃灯攻读五经，及先秦两汉的书史。龙山公也曾屡屡教他不可过劳，并禁止家人，不许书室里置灯；但是每等龙山公一就寝后，依然还是燃灯重读，每每读到夜深人静，还是未曾去睡。照这样长此下去，就是再强健无病的人，也要生出病来，何况阳明，以一文弱书生，而又宿疾未痊愈呢？他的疾之复发，是不消说得的，而且还加上一个呕血的重症。少年肺痨，似已形成。这一病势，来得不轻，龙山公也为忧虑异常。阳明自己也知道这病复发的缘由，多系劳苦过其所致；兼之又悔辞章之虚而无用，白白地糟蹋精神。因此便上了一乞养病回籍调息安养的疏，幸得天子允许，遂暂弃政治生活，回乡养病过清闲生活去了。

回乡后，便筑室于会稽山阳明洞，自号为阳明子。所以后来学者，都称他为阳明先生，就是根据这阳明子之号而来的。久在恶浊的城市中、烦嚣的生活里，一旦换到这山清水秀的地方，新鲜净爽的空气之中，所见的是草色花香，所听的是泉声鸟语；便觉心旷神怡，另有一个天地。阳明的疾，忽地霍然愈了一半，他不由得不醉倒在这大自然的怀抱里啊！

　　静居在阳明洞，不久，病已好了许多。无事时，便习道家的导引术。至于这导引术，究是何人授给阳明，则不可知。此术行之既久，渐渐能先知未来的事，现在我要引一段阳明能知未来的故事在后面。这段故事，是根据《阳明年谱》而叙述的，至若是否真有其事，作者亦不敢妄为臆断。圣人也说过："至诚之道，可以前知。"阳明所行导引术，是否即是"至诚之道"？究竟如何"可以前知"？那就无从知道了。

　　阳明在筑室于阳明洞时，有一天，他的朋友王思舆等四人，闻知他在洞中行导引术，思欲偕往一访，借观其修道若何。不料刚行出五云门时，便遇着阳明派来欢迎他们的仆人。原来阳明，果能知道未来的事了；他已知王思舆等今日来访了，故特命仆人先往迎迓。并对仆人言：来者系为何人，同伴共有几位，由何处而来，在何处必能遇见，现在果如他的所料，毫厘不爽。仆人乃将阳明所料一一告知王思舆等，王等大为惊异，均以阳明果真得道，能知未来的事了。晤面之后，思舆等佩服恭维得几乎五体投地，阳明自己也得意非常。过后好久，他自己忽然悔悟，这行导引术能知未来，乃是左道异端之事，绝不是正道。故说："此簸弄精神，非道也。"由此便摒弃导引术，抛开一切杂念。已而静久，又想离世远去，但又舍不掉祖母同父亲。此念在心，总不能释。又久之，更彻底地大觉大悟了。想道："此念生于孩提，此念可除，是断灭种性矣。"于是对于求仙修道一事根本觉悟，不再误入迷途了。从此一大觉悟，便顿由黑暗的歧途，而跃上了光明的大道，以前种种，譬如昨日死；以后种种，譬如今日生。学业复杂，变为学业纯粹；信仰无定，变为信仰专一。溺于任侠、骑射、辞章、神仙、佛氏的王阳明，从此悔过自新，要做一中国的大哲学家了，要做修身敦品、重节砺行的大圣贤了。这一最后的觉悟，即是他一生成败的大关头，他的人生观，已在此一刹那之间，大变而特变了。我们在要看以后他所过的生活，须得另换一副新眼光，不可用看过去的阳明的旧眼光，来看这现在未来崇高博大的阳明先生呀！就是作者，写到此处，也是要另换一副笔墨及手腕，来叙述这位勇于改过的阳明先生之理学生活、圣贤生活啊！

第二节　授徒讲学

自从觉悟之后，便不再在阳明洞做这"播弄精神"的玩意儿了。一切学道修仙的迷念，被他都击得粉碎无余；离世远去消极的观念，一变而为入世致用积极的观念了。离开了阳明洞，便移居西湖，因自己的病尚未十分复原，西湖也是一个养病的最好所在。阳明趁养病的余闲，在寓则读读书、写写字；出外则周游南屏山虎跑泉的胜景，领略山光水色，倒也清闲自在。又因心无杂骛，病也一天比一天的痊好。

有一次，他在湖边闲眺，见一个和尚，正在那里坐禅关。闻已坐了三年，也不语，也不视。他一见就知这个和尚，已是走入魔道，便思有以破他的迷念，乃大声喝道："这和尚终日口巴巴，说什么？终日眼睁睁，看什么？"坐禅入定的和尚，被他这一喝，不由得不陡起一惊，即开视对语起来。他又问道："你这和尚，家里还有什么人没有？"和尚回答说："有个母亲在家里。"他又诘问道："既然有母亲在家里，你起不起念呢？"和尚对道："不能不起念。"阳明知道和尚已有醒悟的转机，即以"爱亲本性"之旨向他晓谕。和尚一颗枯寂如死的禅心，被阳明当头棒喝的一声，又加上一篇义正词严的大道理，好似如梦方觉；听见阳明说到极亲切的地方，更是禁不住涕泪如雨。立时禅关也不坐，和尚也不做，弃钵抛经，连日赶回家去，侍奉母亲去了。

阳明在西湖静居许久，病也渐渐调养大愈，因旷职日期太多，不能不告别可爱的西湖，依旧回到京师来，销假视事。

恰值这年山东举行乡试，巡按山东监察御史陆偁，素来很为钦慕阳明的品端学粹，特聘请他担任这次乡试的总裁之责，阳明碍于情面，不便推辞，故就应允下来。

同着陆偁到了山东，开始要举行考试，其中所有试录，皆出于阳明的手中。从此他的经世之学，便喧传遐迩，大家都已知道，并且无不佩服。他还做了一篇《山东乡试录序》，更博得许多人们的赞颂。

阳明是尝过考试滋味的，故此对于考试其中之利弊情形，了然于心。他知道试中所取者，难免不无"沧海遗珠"之事，故说："夫委重于考校，将以求才也，求才而心有不尽，是不忠也；心之尽矣，而真才之弗得，是弗明也。……虽今之不逮于古，顾宁无一二如昔贤者；而今之所取，苟不与焉，岂非司考校者，不明之罪欤！"他自己是落第过数次，故此深恐有遗珠之憾，他又借以勉励应试诸生，绍继前贤，不要"司考校者以是求之，以是取之，而诸生之中，苟无其人焉以应其求"，这都是他以己度人，立心忠厚之处。

乡试完毕，没事再可流连，阳明复回到京师。九月里，改为兵部武选清吏司主事，官秩依然一样，只不过工部换到兵部而已。

自从山东乡试录一出，阳明的声誉益发光大。那时一般学者，都溺于辞章记诵之学，专务虚名；对于讲求身心的学问，圣贤经传的要旨，再也没有人去愿意潜心研究探讨。阳明却毅然首先提创，使人先立必为圣人之志；闻者渐渐相继兴起，多愿执贽及门，甘居弟子之列，随后来者接踵不绝，弟子益众。阳明见学者多来附和他的主张，窃喜圣学昌明之期不远，他就开始实行授徒讲学了。

明代此时师友之道久废，阳明一旦发起授徒讲学，大家都不免目他是立异好名，其实他们何尝能知阳明用心之苦、立志之大呢？

在许多人，都目为阳明是立异好名的当儿，却有一人，不但不附和众人的俗见，反极端地赞成阳明、钦佩阳明的毅力大志。这人就是阳明后来第一个益友——甘泉湛若水先生。

甘泉是增城人，字元明，名若水，时为翰林院庶吉士，也是当时一个著名的大儒。他们俩初次会面时，阳明就说："守仁从宦二十年，未见此人。"甘泉也说："若水泛观于四方，未见此人。"邂逅定交，大有相见恨晚之慨。由是这两位大儒，共同携手，以发扬圣学为己任。从此圣学果日趋于昌明，讲学之风大盛，直到明末，流风犹自未息。虽然明室之亡，一半是在讲学，这是后来之学者不善，故致流弊丛生，不可即说是倡始者之过，要知倡始者，原是法良意美呀！

第七章

贬谪中的虎口余生

第一节　抗疏入狱之生活

这一时期阳明的生活，可以名之为："倒霉生活"，也可以说是阳明最倒运的时代。我为什么用这样不好的字句，来加于他的生活之上呢？因为他在这一时期里，为了一道疏弄得官秩大降，又受行杖，又下狱，又等于"充军发配"式的贬谪。好容易侥幸从虎口里"九死一生"逃出来，所过的生活，只有危险痛苦。这如何不是倒霉？更如何不是倒运呢？

弘治十八年，孝宗驾崩，继登大位的，就是武宗。改元正德。武宗为孝宗长子，名厚照。他一登位，却不像他的父亲那样勤于国政；他所喜欢的是佛学梵语，自称为广法王西天觉道圆明自在大定慧佛，还教手下的人，铸了一个大定慧佛的金印，佩在身上。在宫里，又建一个豹房新寺；又曾命使臣，到远方去迎佛教。虽有臣子进谏，他都斥而不纳。然这乃宗教上的信仰，不能即说是他不好的地方；他不好的地方，是喜欢声色狗马，宠信的是些奸佞阴险的小人。又喜微服私行，曾夜入人家，大索妇女，以致乐而忘返。总而言之，他是一个无道昏君罢了。阳明遇着这样的主子，就是他"倒霉""倒运"的机会到了啊。

武宗所以这样无道，固然是他自己的不好；然而最大的原因，就是受了一般小人的诱导。其中有个最坏的坏蛋，名叫刘瑾，是兴平人，本姓谈，从小就有些鬼聪明，立志要做太监，因此拜在中宫刘某的名下为螟蛉义子，借以为进身之阶，故此冒作姓刘。在孝宗时候，坐法当死，幸得救免，故切齿痛恨廷臣，誓欲复仇为快。武宗在东宫做太子时，他知武宗将来必继孝宗之位，故此百般的附顺奉承。武宗在为太子时，已被他引诱得无所不为，种下坏根，故此武宗同他非常要好，到了身登九五之后，便命他掌钟鼓司。每逢退了朝，与他不是肆意鹰犬，就是纵情歌舞。刘瑾以此益得武宗欢心，又升为内官监总督团营。瑾性素阴狠险诈，至是擅作威福，无恶不作，以致国事日非，万民嗟怨。这时却恼了一位名叫刘健的大臣（洛阳人，名希贤，时为文渊阁大学士），便首先出头谏劝武宗，不可宠幸阉宦，导作狎游。武宗不从，瑾复矫旨削去刘健的官爵，罢归田里为民。于是又恼了两位正直敢言的臣子，一个是戴铣（字宝之，婺源人，时为南京户科给事中），一个是薄彦微（阳曲人，时为四川道监察御史）。因见刘健无故削职，不胜愤怒，便共上一疏，大意请帝起复刘健，磔诛刘瑾，以谢天下，而整朝纲。武宗见疏，斥其不应故彰君恶，以沽直谏美名，特差锦衣卫将戴、薄等拿解赴京。弄得朝臣都噤若寒蝉，不敢再谏。但其中却有一位不怕死的小臣，偏要抗疏救戴、薄了。这人是谁呢？不用我讲，读者早已知道了呀。

　　阳明见武宗被刘瑾一般阉宦引得日事荒淫，不治国事，就已预备拼了生命，要严劾刘瑾的。刘健削职，他就欲上疏抗救。

这次戴、薄被解赴京，他一腔忠愤之气，再也忍捺不住，明知那时的刘瑾，势焰正炙，自己不过一区区兵部主事，当然鸡蛋碰石头，总是自己吃亏。而且武宗正恨有人谏劝，不谏固然可以无妨，要是进谏，而十之八九是"死得成"的。但想做忠臣，又绝不能贪生畏死，他于是就上疏道：

臣闻君仁则臣直，大舜之所以圣，以能隐恶而扬善也。臣迩者窃见陛下以南京户科给事中戴铣等上言时事，特敕锦衣卫差官校拿解赴京。臣不知所言之当理与否，意其间必有触冒忌讳，上干雷霆之怒者。但铣等职居谏司，以言为责。其言而善，自宜嘉纳施行；如其未善，亦宜包容隐覆，以开忠说之路。乃今赫然下令，远事拘囚，在陛下之心，不过少示惩创，使其后日不敢轻率妄有论列，非果有意怒绝之也。下民无知，妄生疑惧，臣切惜之。今在廷之臣，莫不以此举为非宜，然而莫敢为陛下言者，岂其无忧国爱君之心哉！惧陛下复以罪铣等者罪之，则非唯无补于国事，而徒足以增陛下之过举耳。然则自是而后，虽有上关宗社危疑不制之事，陛下孰从而闻之？陛下聪明超绝，苟念及此，宁不寒心！况今天时冻冱，万一差去官校，督束过严，铣等在道，或致失所，遂填沟壑。使陛下有杀谏臣之名，兴群臣纷纷之议，其时陛下必将追咎左右莫有言者，则既晚矣。伏愿陛下追收前旨，使铣等仍旧供职；扩大公无我之仁，明改过不吝之勇；圣德昭布远迩，人民胥悦，岂不休哉！臣又惟君者元首也，臣者耳目手足也；陛下思耳目之不可使壅塞，手足之不可使痿痹，必将恻然而有所不忍。臣承乏下僚，僭言实罪，伏睹陛下明旨，有"政事得失，许诸人直言无隐"之条，故敢昧死为陛下一言，伏唯俯垂宥察，不胜干冒战栗之至！

疏上，武宗大怒；刘瑾更是切齿痛恨阳明，不应道他有危宗社。于是在阙下，先杖四十，打得阳明皮开肉烂，死去活来；后来又下在狱中，现在他所过的，是黑暗囹圄中的生活了。

囹圄生活，是个极黑暗，而且极痛苦的。下狱的时期，又是十二月，正风紧雪飞、天寒地冻的时节，阳明的苦况，也就可想而知。天寒岁暮，思乡忆亲；况又待罪遭谗，生死莫测，阳明处此境遇，真是万感纷集，乱箭攒心。我们且看他在狱中的作品，如：

> 天寒岁云暮，冰雪关河迫，
> 幽室魍魉生，不寐知夜永。
> 兀坐经旬成木石，忽惊岁暮还思乡。
> 高檐白日不到地，深夜黠鼠时登床。
> 屋罅见明月，还见地上霜。
> 客子夜中起，彷徨涕沾裳。
> 天涯岁暮冰霜结，
> 思家有泪仍多病。
> 幽室不知年，夜长苦昼短。
> ……
> 来归在何时，年华忽将晚。
> 萧条念宗祀，泪下长如霰。

以上诗句，都足描写他心中的苦怨。他还做了一首《有室七章》的古诗，玩其字里行间，还是时时流露忠君爱主之意。体效《国风》，意取《离骚》，阳明幸而不死，或则就是得此诗之力，亦未可知。诗道：

有室如簏，周之崇墉。

窒如穴处，无秋无冬。

耿彼屋漏，天光入之。

瞻彼日月，何嗟及之。

倏晦倏明，凄其以风。

倏雨倏雪，当昼而蒙。

夜何其矣，靡星靡粲。

岂无白日，寤寐永叹。

心之忧矣，匪家匪室。

或其启矣，殒予匪恤。

氤氲其埃，日之光矣。

渊渊其鼓，明既昌矣。

朝既式矣，日既夕矣。

悠悠我思，曷其极矣！

阳明在狱中因了许多时候，天子旨下，将阳明贬谪为贵州龙场驿驿丞，阳明出狱时，又做了一首《别友狱中》的诗道：

居常念朋旧，簿领成阔绝。

嗟我二三友，胡然此簪盍。

累累囹圄间，讲诵未能辍。

桎梏敢忘罪，至道良足悦。

所恨精诚眇，尚口徒自蹶。

天王本明圣，旋已但中热。

行藏未可期，明当与君别。

愿言无诡随，努力从前哲！

　　那时的贵州，与京师相去万余里，还是未开化的蛮荒之域，他的朋友，都替他忧虑不已，均恐一入荒漠瘴疠之远地，没有活着还家的希望。但阳明之意，却不在此。他《答汪仰之》的三首诗中，第一首道：

去国心已恫，别子意弥恻。

伊迩怨昕夕，况兹万里隔。

恋恋歧路间，执手何能默。

子有昆弟居，而我远亲侧。

回思菽水欢，羡子何由得。

知子念我深，夙夜敢忘惕。

良心忠信资，蛮貊非我戚。

由此诗中，可以知他是"蛮貊非我戚"了。他之念念不能忘者，就是他家中的人。甘泉子也说道："谪贵州龙场驿，万里矣，而公不少怵。"益足证明他是不惧远谪了。

甘泉是与阳明感情最厚的朋友，虽是一旦判袂，却也并不显出嗟怨之态，特歌《九章》以赠，并以勉励阳明。如："与君心已通，别离何怨嗟。"便已道出道义相交，心已互通，虽隔千万里之远，也如一室晤对一样。又如："愿言崇明德，浩浩同无涯。"便有以贤圣之道相互勉之意了。阳明也和以八咏，内第三首云：

> 洙泗流浸微，伊洛仅如线。
>
> 后来三四公，瑕瑜未相掩。
>
> 嗟予不量力，跛鳖期致远。
>
> 屡兴还屡仆，喘息几不免。
>
> 道逢同心人，秉节倡予敢。
>
> 力争毫厘间，万里或可勉。
>
> 风波忽相失，言之泪徒泫。

在这一赠一酬的诗中，便可窥出这两位大儒的人格，是如何的崇高伟大了。

第二节　艰难困苦的途中

阳明这次出狱远谪，全是出于武宗之意，若依刘瑾的心，似非置他于死地不可；但武宗不欲这样干，故也不敢在狱中暗加陷害。他既出狱远谪，瑾心还是不甘，于是暗遣心腹，嘱在路途乘隙刺杀阳明，务要取其性命，以泄宿憾。刺客领命，于是追随阳明来了。

阳明由京赴杭州，在北新关遇着自己兄弟守文等，难后手足重逢，不胜伤感，曾有诗纪其事云：

> 扁舟风雨泊江关，兄弟相看梦寐间。
> 已分天涯成死别，宁知意外得生还。
> 投荒自识君恩远，多病心便吏事闲。
> 携汝耕樵应有日，好移茅屋傍云山。

时方盛夏，因积劳致肺疾复发，乃养病静慈，旋移居于胜果寺，得门人徐爱为伴。徐爱乃是阳明妹婿，而拜阳明之门的；阳明门人中第一高足，就是徐爱；最先北面称弟子的，也是徐爱。这年为有司所选，将同蔡希颜、朱守中（均阳明门人）入京，阳明还做了一篇《别三子序》赠勖他们之行。不料这天夜深时候，刘瑾遣的两个刺客已到了，阳明的环境，顿时险恶危殆起来。

恰巧有个救星，就是胜果寺的邻居沈玉殿。他素来钦服阳明，因见有两操北音的汉子，挟着阳明出寺前行，心里就大疑，尾随之行三里许，追至密向阳明说："顷见彼二汉之挟公行，恐不利。"阳明也明知生命操于刺客的手中，危机四伏，无力抗拒，只好任其所为了。沈又与刺客虚作殷勤，问何故欲杀阳明。刺客云为杀之复命，始知乃系瑾所主使。沈又向刺客道："王公今夕，当然不能生存，我具斗酒，与之诀别，且与君等痛饮，君等愿意答应吗？"刺客料知阳明，已成釜中之鱼，笼中之鸟，绝不会有何变卦，也就允许姓沈的话。饮毕，刺客均大醉。破晓，沈乃密教阳明他逸，以石沉江，解遗巾履，放岸上，作自溺状。事后，沈故作痛哭，说阳明已投江自溺。刺客也明知乃沈所行诡计，虽怒沈，亦无可奈何，恐害沈而己亦获贪杯之罪，阳明因此便侥幸脱险了。

阳明的兄弟守文，这时正在杭州应乡试，闻沈报阳明投江，于是大家都说阳明已自溺死。他父亲又派人至遗巾履处捞觅尸身，一般门弟子互相告知痛哭。独有徐爱不哭，并谓阳明绝不会自溺，又说："先生将昌千古之绝学，岂忍轻于一死乎？"后果然被他料着。

阳明既脱虎口，私自庆幸，乃附商船往舟山。忽遇飓风大作，一日夜忽吹至闽界福州武夷山。登岸行山径数十里，见一古寺，想要叩门进去投宿，寺僧不许。天色已晚，没有法子，只好跑到另外一个野庙香案下息卧。哪知所卧的地方，却是一个虎穴。到了夜半，虎绕廊大吼，但没有进去，等到天明，虎方他去了。

寺僧每晨总要到野庙里来一次，见有旅客残骸，则取其行囊以去，习以为常的。讵料是夜虎但绕廊大吼，并不敢入。寺僧意昨夕扣门借宿的客人，必已饱于虎腹无疑，将往收其囊。至则阳明犹酣睡未醒，均大为惊异，称之为非常人。又邀他到庙里，庙里有个异人，原来就是前次阳明新婚之日，在铁柱宫遇着对谈忘归的道士，他乡忽遇故知，自然喜悦非常，乃向道士说："我遭阉瑾之祸，幸脱余生，行将隐姓潜名为避世计。"道士大不赞成他这消极的行为，并说："你有亲在，又有名朝野，要是从此匿迹，则将来设有不肖之徒，假借你的名望，鼓舞人心，万一逮你的父亲，诬你北走湖、南走粤，那你又将如何办呢？倘若朝廷寻究你的家中，岂不反造成赤族之祸吗？"说着又拿出一首做好了的诗，给阳明看道：

> 二十年前已识君，今来消息我先闻。
> 君将性命拼毫发，谁把纲常重一分？
> 寰海已知夸令德，皇天终不丧斯文。
> 英雄自古多磨折，好拂青萍建大勋！

第七章　贬谪中的虎口余生

这诗便是勉他不可消极地作出世想，应积极地作入世想。阳明看了，颇为感动；又以道士所言，殊有道理。道士复为阳明占一课，说还是归家赴谪地最好，阳明计乃决定。于是濡墨提笔，题诗壁间，留作此行纪念。诗道：

　　　　险夷原不滞胸中，何异浮云过太空。
　　　　夜静海涛三万里，月明飞锡下天风。

　　辞别道士，又有诗纪其事云：

　　　　肩舆飞度万峰云，回首沧波月下闻。
　　　　海上真为沧水使，山中又遇武夷君。
　　　　溪流九曲初谙路，精舍千年始及门。
　　　　归去高堂慰垂白，细探更拟在春分。

　　由武夷至南京，时龙山公因阳明获罪，故迁为南京户部尚书，特私往省视。居了数日，便启程取道赣湘，赴贵州龙场。途次草萍驿遇大风雪，颇为困苦。至广信，时正元夕。次鄱阳湖，忽遇娄一斋等，相见惊喜，有《夜泊石亭寺用韵呈陈娄诸公因寄储柴墟都宪及乔白岩太常诸友》诗。至袁州登宜春台，也有诗以纪其事。复至萍乡谒濂溪祠，宿武云观，亦均有诗。入湘在醴陵道中，遇风雨，困殆不堪。至长沙遇周生请益，有

《答周生诗》。在长沙因泥潦侵途，不良于行，兼以齿痛之病，《游岳麓》有句云：

> 醴陵西来涉湘水，信宿江城沮风雨。
>
> 不独病齿畏风湿，泥潦侵途绝行旅。

便是述留滞长沙之原因。离了长沙，过天心湖，又遇巨风，瞬息行百余里。日暮抵沅江，舟已为石所损，补好诘朝复行。风更大，晚泊湖边，风雨越发厉害，舟惧不敢行，但舟中粮已告罄，不进亦将饿死，乃在岸旁慢驶。少时雨阻，趁风续进，夜抵武阳江，惊魂方定，乃入市籴米做晚炊，共庆再生。

阳明在路途因颠沛流离，不禁有去国怀君身世飘零之感，于是便做了一首《去妇叹》，大意是说：楚人有间于新娶，而去其妇者，其妇无所归，去之山间独居，怀绻不忘，终无他适，予闻其事而悲之，为作《去妇叹》。

这里所说楚人，便隐指天子，其妇便是隐喻自己，新娶便是指刘瑾。是仿屈原《离骚》之意而作的。我们来看他的作品吧：

> 委身奉箕帚，中道成弃捐。
>
> 苍蝇间白璧，君心亦何愆。
>
> 独嗟贫家女，素质难为妍。

命薄良自喟，敢忘君子贤？

春华不再艳，颓魄无重圆。

新欢莫终恃，令仪慎周还。

依违出门去，欲行复迟迟。

邻姬尽出别，强语含辛悲。

陋质容有缪，放逐理则宜。

姑老借相慰，缺乏多所资。

妾行长已矣，会面当无时。

妾命如草芥，君身比琅玕，

奈何以妾故，废食怀愤冤？

无为伤姑意，燕尔且为欢。

中厨存宿旨，为姑备朝飧。

畜育意千绪，仓卒徒悲酸。

伊迩望门屏，盍从新人言？

夫意已如此，妾还当谁颜。

去矣勿复道，已去还踌躇。

鸡鸣尚闻响，犬恋犹相随。

感此摧肝肺，泪下不可挥。

冈回行渐远，日落群鸟飞。

群鸟各有托，孤妾去何之？

空谷多凄风，树木何肃森。

浣衣涧冰合，采苓山雪深。

离居寄岩穴，忧思托鸣琴。

朝弹别鹤操，暮弹孤鸿吟。

弹苦思弥切，巑岏隔云岑。

君聪甚明哲，何因闻此音？

　　阳明是个极端忠君主义者，在这一首诗里，就已完全表现出来了。妙在把自己一片忠君心肠，借弃妇口中能曲曲折折地道出，真不愧为一篇绝妙的佳作。

　　他从此起，一直到龙场去了。沿途也做了许多诗，纪其行程，这里不再多引了。

　　在这一节的上半节内，作者叙述阳明的脱难生活，读者不觉得它太神话，像《西游记》《封神榜》《天方夜谭》一样吗？不说作者的脑筋腐败，在这科学昌明时代，还大提倡其迷信吗？关于这一层，作者实在十二万分地抱歉，对于阳明这次的行程，寻遍各家所述，都纷纷异说无定，不能得个较确切明了的叙述。钱绪山编的《阳明年谱》、黄久庵撰的《阳明行状》、湛若水撰的《阳明墓志铭》、尤西堂作的《王文成公列传》，均各执一说，无从定其是非，而怪诞之记述特多。执经问难之及门诸子，尚且意见分歧，不辨其师之行程所经，无怪后人更要模糊不清了。若以阳明所作武夷、长沙、岳麓、罗泪、沅水的诸诗而言，则行状似乎较为可信；但其中过于怪诞虚幻，实有不能令人可信之点。毛西河曾对此有过最激烈的攻击，证明其妄。他说：

时径之龙场，而谱、状乃尽情诳诞，举凡遇仙遇佛，无可乘间撼入者，皆举而撼之于此。二十年前，二十年后，开关闭关，随意胡乱。亦思行文说事，俱有理路：浙江一带水，与福建武夷、江西鄱阳，俱隔仙霞、常玉诸岭峤；而岭表车筏，尤且更番叠换，并非身跨鱼鳖，可泛泛而至其地者。即浙可通海，然断无越温台鄞鄮，不驾商舶，得由海入闽之理。且阳明亦人耳，能出游魂，附鬼伥，朝游舟山，暮飞铁柱，何荒唐也！

这种攻击，真有一针见血之概。用真理实据，证明其迷信附会之不当，即起钱黄等复生，亦不能不低首认罪。但说阳明是径之龙场，似又难以置信。武夷、长沙诸诗，明明是阳明所作，何得云是径至龙场？若依我之臆解：阳明是由京赴杭，避瑾逆谋乃逃匿于武夷，旋即赴南京省视，后再至赣由湘入滇。所有许多荒诞不经之事，均为弟子欲彰其师盛德令名，故加附会，以坚后人信仰的，绝不可信。大凡中国人最重的是迷信，所谓是个贵人，必定总有许多神话加于其身。在中国历史上之伟大人物的传记，几乎触目皆有这一类的附会之词。钱绪山作年谱，可惜也不能逃出这个恶例，但明眼人自然不会受他的骗了。

第八章

龙场生活

第一节　初至龙场

　　龙场（位于修文县），在贵州西北万山中。蛇虺群居，魑魅昼见，实在是西南最荒莽的地方。至明始设郡县，地均夷人（即今之苗族人），鴃舌不可辨其言语，兼之万山丛莽，瘴疠特多。除却夷人，或则中土亡命之徒，来至该处。但夷人居此，倒也甚为安舒；而自中土来的亡命，率多不胜疫瘴，或被夷人所杀而死，其存者不过十之二三。阳明未到此地之前，早知此种情形，所以在未来以前，便把生死置之度外了。

　　阳明初到龙场，哪晓得夷人却有一种怪俗习，凡是自中土来的人，先就卜问蛊神，对于来者，可否留居。如卜吉，则不杀，而任其留居；否则便殴杀之。幸亏一卜而吉，方始安然无事。但初至时连居住的房屋都没有一间，只好暂栖于蔓荆丛棘里面，后乃迁到东峰，以一石穴结个草庵，权作安身之所。曾有诗以纪其事道：

　　　　　草庵不及肩，旅倦体方适。

　　　　　开棘自成篱，土阶漫无级。

　　　　　迎风亦萧疏，漏雨易补葺。

灵濑向朝湍，深林凝暮色。

群獠环聚讯，语庞意颇质。

鹿豕且同游，兹属犹人类。

污樽映瓦豆，尽醉不知夕。

缅怀黄唐化，略称茅茨迹。

　　这个草庵，虽然是高不及肩，然较之在荆棘之中，总要强出百倍。幸亏阳明带来还有几个仆从，方得将这草庵合力筑成。居住地方，虽已弄好，可是饱腹的米粮，又将告罄。于是仿夷火耕之法，来从事于农了。

　　在东峰得一洞，改名为阳明小洞天。他诗中有"童仆自相语，洞居颇不恶。人力免结构，天巧谢雕凿"语。足见此洞不恶。他的草庵，也就筑在这洞中。

　　夷人性本好杀，但因阳明和蔼，故反争相亲敬。见阳明食物告罄，互为贡赠。感化不数月，俨然如骨肉一样。阳明又教给他们，削木为梁柱，刈草为盖，建造房舍之法。由是四方模效，穴居野处的夷人，均有屋宇住了。

　　夷人因有屋住，非常感激，又见阳明所居的洞穴草庵，非常阴湿卑污。大家便合力经营，替阳明伐木砍树，搬石排泥，不到一月，做了一所很好的屋子。阳明自然也很感谢这些朴质忠实的夷人，肯如此为他尽力。这间屋做得很为讲究，轩、亭、堂等都有。阳明把它们一一题个名：轩名为何陋轩，亭名为君子亭，堂名为宾阳堂，又名其窝曰玩易窝。并且还做几篇文章记述此事。

新构既成，阳明的学生闻之，也渐渐从远方来集了。均请名阳明之新构为龙冈书院，阳明有诗云：

谪居聊假息，荒秽亦须治。

凿巘薙林条，小构自成趣。

开窗入远峰，架扉出深树。

墟寨俯逶迤，竹木互蒙翳。

畦蔬稍溉锄，花药颇杂莳。

宴适岂专予，来者得同憩。

轮奂非致美，毋令易倾敝。

营茅乘田隙，洽旬始苟完。

初心待风雨，落成还美观。

锄荒既开径，拓樊亦理园。

低檐避松偃，疏土行竹根。

勿翦墙下棘，束列因可藩。

莫撷林间萝，蒙笼覆云轩。

素缺农圃学，因兹得深论。

毋为轻鄙事，吾道固斯存。

又《诸生来》云：

简滞动罹咎，废幽得幸免。
夷居虽异俗，野朴意所眷。
思亲独疚心，疾忧庸自遣。
门生颇群集，樽斝亦时展。
讲习性所乐，记问复怀腼。
林行或沿涧，洞游还陟巘。
月榭坐鸣琴，云窗卧披卷。
澹泊生道真，旷达匪荒宴。
岂必鹿门栖，自得乃高践。

在新屋之侧，又辟一园，名为西园。园虽不大，却宜种蔬。阳明有首《西园》诗，就是他享受愉乐生活的供状。诗道：

方园不盈亩，蔬卉颇成列。
分溪免瓮灌，补篱防豕蹢。
芜草稍焚薙，清雨夜来歇。
濯濯新叶敷，荧荧夜花发。
放锄息重阴，旧书漫披阅。
倦枕竹下石，醒望松间月。
起来步闲谣，晚酌檐下设。

尽醉即草铺，忘与邻翁别。

他又生平最好泉石，恰遇龙场四面，都是丛山幽洞，所以每逢晴日暇时，他总在四山去寻幽探胜。但在山巅看见行云驰逐，又免不了勾起他的思家慕亲之念。有时因为思念太切，竟辗转不能成寐。生活上虽然愉乐，而精神上依旧苦痛、烦闷与不安。兼以他的门生，来了不几天，又都走了，剩下的还是孤孤独独的一个老师。他的门生来此，是特意来省视先生的，不是来从学的，所以住了三宿便去了。阳明却很想他们能留住这里，从事求学，但是谁个又愿舍去家乡，而留恋于瘴疠之远城呢？阳明有《诸生去》的诗道：

人生多离别，佳会难再遇。
如何百里来，三宿便辞去？
有琴不肯弹，有酒不肯御。
远陟见深情，宁予有弗顾？
洞云迟自栖，溪月谁同步？
不念南寺时，寒江雪将暮？
不记西园日，桃花夹川路？
相去倏几月，秋风落高树。
富贵犹尘沙，浮名亦飞絮。
嗟我二三子，吾道有真趣。
胡不携书来？茆堂好同住！

在上面已曾说过，龙场乃是瘴疫最盛之地，凡是中土来的人，什九都会被这瘴疫染死，纵不死也得要害一场病。能够不死不病的人，却是极少。这一次阳明所带了的三个仆人，不约而同地染了瘴疫病。三个人呻吟床褥，都不能起来做事。阳明只好自己去析薪取水来造饭，造好还要送给仆人吃，阳明这时是多么苦啊。

仆人的病，固然是大半受了瘴疠所致，但也有一小半的是中怀抑郁，思乡忆家。阳明也已知道，于是要想设个法子来安慰他们，借以排遣他们的愁闷。最后想出用古诗歌及越调曲，又杂以诙笑，来安慰他的仆人。果然有效，仆人的病，日有起色，不久也都愈了。

有一天，从京师来了一个吏目，是个老人，携着一子、一仆，来赴任的。经过龙场，阳明很想同他谈谈中原近时的事情，不料第二天，他们已动了身，后来有人来说这三个人走到蜈蚣坡都死了。阳明闻着，心里却异常凄婉难受。又念他死在异乡，尸骨无人瘗葬，便带了两个童子，持畚锸前去掩埋；并又做了一篇文，来祭死者。这篇文章就是在中国文学上极著名的《瘗旅文》，情意沉痛怛恻，文辞感喟苍凉，在在都有千古不朽的价值。其一种由同情心发出来如泣、如诉、如怨、如慕的哀音，几乎令人不忍卒读。阳明其余文章，均可无有，只要有这一篇《瘗旅文》，也就足可高居文坛一席了。

维正德四年，秋月三日，有吏目云自京来者，不知其名氏，携一子一仆，将之任，过龙场，投宿土苗家。予从篱落间望见之，阴雨昏黑，欲就间讯北来事，不果。明早遣人觇之，已行矣。薄午，有人自蜈蚣坡来云："一老人死坡下，傍两人哭之哀。"予曰："此必吏目死矣，伤哉！"薄暮，复有人来云："坡下死者二人，傍一人坐叹。"询其状，则其子又死矣。明日，复有人来云："见坡下积尸三焉。"则其仆又死矣。呜呼伤哉！念其暴骨无主，将二童子持畚、锸往瘗之。二童子有难色然，予曰："嘻！吾与尔犹彼也。"二童悯然涕下，请往。就其傍山麓为三坎，埋之，又以只鸡、饭三盂，嗟吁涕洟而告之曰："呜呼伤哉！繄何人？繄何人？吾龙场驿丞余姚王守仁也。吾与尔皆中土之产，吾不知尔郡邑，尔乌为乎来为兹山之鬼乎？古者重去其乡，游宦不逾千里，吾以窜逐而来此，宜也；尔亦何辜乎？闻尔官吏目耳，俸不能五斗，尔率妻子，躬耕可有也。乌为乎？以五斗而易尔七尺之躯；又不足，而益以尔子与仆乎？呜呼伤哉！尔诚恋兹五斗而来，则宜欣然就道。乌为乎？

吾昨望见尔容蹙然，盖不任其忧者。夫冲冒雾露，扳援崖壁，行万峰之顶，饥渴劳顿，筋骨疲惫，而又瘴疬侵其外，忧郁攻其中，其能以无死乎？吾固知尔之必死，然不谓若是其速，又不谓尔子、尔仆亦遽尔奄忽也！皆尔自取，谓之何哉！吾念尔三骨之无依而来瘗尔，乃使吾有无穷之怆也。呜呼痛哉！纵不尔瘗，幽崖之狐成群，阴壑之虺如车轮，亦必能葬尔于腹，不致久暴露尔。尔既已无知，然吾何能为心乎！自吾去父母乡国，而来此二年矣，历瘴毒而苟能自全，以吾未尝一日之戚戚也；今悲伤若此，是吾为尔者重，而自为者轻也，吾不宜复为尔悲矣。吾为尔歌，尔听之。"歌曰："连峰际天兮，飞鸟不通。游子怀乡兮，莫知西东。莫知西东兮，维天则同。异域殊方兮，环海之中。达观随寓兮，奚必予宫。魂兮魂兮，无悲以恫。"又歌以慰之曰："与尔皆乡土之离兮，蛮之人言语不相知兮，性命不可期。吾苟死于兹兮，率尔子仆，来从予兮。吾与尔邀以嬉兮，骖紫彪而乘文螭兮，登望故乡而嘘唏兮。吾苟获生归兮，尔子尔仆，尚尔随兮，无以无侣悲兮。道傍之冢累累兮，多中土之流离兮。相与呼啸而徘徊兮，飧风饮露，无尔饥兮。朝友麋鹿，暮猿与栖兮，尔安尔居兮，无为厉于兹墟兮。"

时刘瑾闻阳明未死，且父子相见于南都，益大恚，矫旨解龙山公职致仕归乡。阳明得家书，俱知其状，自念一切得失荣辱之心，早已俱亡，唯是生死一念，尚不能释然于怀。故特制一石椁，预备等候死神降临。日夜端居静默，久之，胸中洒洒，也毫不着念了。

第二节　哲学上惊人的大发明

　　阳明被刘瑾陷害，贬谪到这蛮烟瘴雨、荒山绝域的龙场来，许多人都要为替阳明惋惜，叹为人生的大不幸。诚然，阳明到龙场，历尽艰险，尝尽苦痛，实可惋惜，也实可云为不幸。但作者之意，则不然。作者不但不惋惜，不但不叹是大不幸；反要快慰，贺为是阳明的大幸。这究竟是什么道理呢？我先引孟轲的话来答复吧。孟轲说："天之将降大任于斯人也，必先苦其心志，劳其筋骨，饿其体肤，空乏其身，行拂乱其所为；所以动心忍性，增益其所不能。"这话真是一点也不错，也就是我替阳明快慰、贺为大幸的本意了。他虽然受一时的小艰苦，却反因以造成了他在中国哲学上有了惊人的大发明，使中国的思想界，顿时起了一种新观念。伟大的创造，就是在艰难困苦中得来。质言之，即是贬谪在龙场的时候，方才发现出来他的"王学"。我们如何不为他快慰，更如何不贺他，说是大幸事呢？

　　他发明新哲学的动机，就是他初到龙场时候，心里却怀了一个问题。他的问题是："假使圣人处此，更有何道？"这个问题，横梗在心里，总想觅个最圆满的答复。澄心静虑，苦求精思，结果他的问题答复了，并且异常圆满。

　　　　　　　　　　　　　　　　　　　　王阳明传

因苦求精思，偶在一天晚上，忽然大悟格物致知之理，寤寐中似有人在耳旁告诉提醒一样。不觉喜极呼跃而起，把他的仆人都骇了大跳。他喜极几乎要发狂了，他说："圣人之道，吾性自足，向之求理于事物者，误也。"他将发明的新哲学以五经之言证之，莫不吻合。他此时的快乐形状，真非笔墨所能形容，他此时比穷措大掘着了金窖，还要快乐百倍。他快乐的热度，已达到了焦点。不，恐不止此，连寒暑表都给热破了。

　　他发明的究竟是什么新哲学，教他这样的快乐呢？他所发明的新哲学，约有三个要点，兹分别说明如下：

　　（一）心即理，理即心。阳明极端崇服信仰此说。他说："析心与理为二，而精一之学亡。世儒之支离，外索刑名器数之末，以求明所谓物理者，而不知吾心即物理，初无假于外也。"他这种哲理，是非常唯心的，已具微妙深邃，形而上学之基础。为求读者易于了解起见，再引《传习录》上一篇问答于下：

　　爱问："至善，只求诸心，恐于天下事理有不能尽。"先生曰："心即理也。天下又有心外之事，心外之理乎？"爱曰："如事父之孝，事君之忠，交友之信，治民之仁，其间有许多理在，恐亦不可不察。"先生叹曰："此说之蔽久矣，岂一语所能悟，今姑就所问者言之：且如事父，不成去父上求个孝的理，事君，不成去君上求个忠的理，交友、治民，不成去友上、民上求个信与仁的理。都只在此心，心即理也。此心无私欲之蔽，即是天理，不须外面添一分。以此纯乎天理之心，发之事父便是孝，发之事君便是忠，发之交友、治民便是信与仁。只在此心去人欲，存天理上用功便是。"爱曰："闻先生如此说，爱已觉有省悟处；但旧说缠于胸中，尚有未脱然者。如事父一事，其间温凊定省之类，有许多节目，不亦须讲求否？"先生曰："如何不讲求，只是有个头脑，只是就此心去人欲存天理上讲求。就如讲求冬温也，只是要尽此心之孝，恐怕有一毫人欲间杂；讲求夏凊也，只是要尽此心之孝，恐怕有一毫人欲间杂。只是讲求得此心，此心若无人欲，纯是天理，是个诚于孝亲的心：冬时自然思量父母的寒，便自要去求个温的道理；夏时自然思量父母的热，便自要去求个凊的道理。这都是那诚孝的心发出来的条件。却是须有这诚孝的心，然后有这条件发出来。譬之树木：这诚孝的心便是根，许多条件便是枝叶。须先有根，然后有枝叶；不是先寻了枝叶，然后去种根。《礼记》言：孝子之有深爱者，心有和气；有和气者，必有愉色；有愉色者，必有婉容。须是有个深爱做根，便自然如此。"

（二）良知。良知的学说，首倡自孟轲。《孟子》内"不虑而知者，其良知也"，就是"良知"的发见。复由陆象山推衍，至阳明始发扬光大。他说："良知之人心，无间于贤愚，天下古今之所同也。""知善知恶，是良知。""是非心之知也。是非之心，人皆有之，即所良知也。""知是心之本体，心自然会知。见父自然知孝，见兄自然知弟，见孺子入井，自然知恻隐。此便是良知。"

　　　　　　　　　　　　　王阳明传

看了上面他自己解释良知学说的要义，便可了然。他还做了《咏良知四首示诸生》的诗，大意不外是说，良知乃是人人心里都有的，无须外求。他还以为"良知"二字，就是圣门的口诀。

（三）知行合一。阳明此处所谓的知，是重在事实上，要直接去应用，不用玄渺虚漠理上的知。这个知行合一的学说，在哲学上要占极重要的位置，兹引《传习录》上，他解释这学说的话来看吧：

爱因未会先生知行合一之训，与宗贤唯贤往复辩论，未能决，以问于先生。先生曰："试举看！"爱曰："如今人仅有知得父当孝、兄当弟者，却不能孝不能弟，便是知与行分明是两件。"先生曰："此已被私欲隔断，不是知行的本体了。未有知而不行者，知而不行，只是未知。圣贤教人知行，正是安复那本体，不是着你只恁的便罢。故《大学》指个真知行与人看，说：如好好色，如恶恶臭。见好色属知，好好色属行；只见那好色时已自好了，不是见了后又立个心去好。闻恶臭属知，恶恶臭属行；只闻那恶臭时已自恶了，不是闻了后别立个心去恶。如鼻塞人虽见恶臭在前，鼻中不曾闻得，便亦不甚恶，亦只是不曾知臭。就如称某人知孝，某人知弟，必是其人已曾行孝弟，方可称他知孝知弟。不成只是晓得说些孝弟的话，便可称为知孝弟。又如：知痛必已自痛了方知痛，知寒必已自寒了，知饥必已自饥了，知行如何分得开。此便是知行的本体，不曾有私意隔断的。圣人教人必要是如此，方可谓之知。不然，只是不曾知。此却是何等紧切着实的功夫，如今苦苦定要说知行做两个是甚么意？某要说做一个是甚么意？若不知立言宗旨，只管说一个两个，亦有甚用？"爱曰："古人说知行做两个，亦是要人见个分晓。一行做知的功夫，一行做行的功夫，即功夫始有下落。"先生曰："此却失了古人宗旨也。某尝说知是行的主意，行是知的功夫；知是行之始，行是知之成。若会得时，只说一个知已自有行在，只说一个行已自有知在。古人所以既说一个知，又说一个行者，只为世间有一种人，懵懵懂懂的任意去做，全不解思唯省察，也只是个冥行妄作，所以必说个知方才行得是。又有一种人，茫茫荡荡悬空去思索，全不肯着实躬行，也只是个揣摸影响，所以必说一个行，方才知得真。此是古人不得已补偏救弊的说话。若见得这个意时，即一言而足。今人却就将知行分作两件去做，以为必先知了，然后能行。如今且去讲习讨论做知的功夫，待知得真了方去做行的功夫，故遂终身不行，亦遂终身不知。此不是小病痛，其来已非一日矣。某今说个知行合一，正是对病的药，又不是某凿空杜撰，知行本体原是如此，今若知得宗旨时，即说两个亦不妨，亦只是一个。若不会宗旨，便说一个，亦济得甚事？只是闲说话。"

他的学说发明之后，便在中国思想界辟了一个新境地。他的学说实在是最合应用的，也是非常真理的。我再引梁启超先生批评"王学"的话，以便估定"阳明学说"在中国哲学上的价值。

至于"王学"的大概，……简单说来，可以说："'王学'是中国儒教、印度佛教的结合体。"也可以说是："中国文化和印度文化结婚所生的儿子。"其实这种结合，自宋之周程张朱，已经成立，不过到"王学"，始集大成。……实在说来，明末的一百年内，"王学"支配了全中国，势极伟大，我自己很得力于"王学"，所以极推尊他。但是"末流之弊"，无可为讳。"王学"末流的毛病，太偏于形面上的玄学的、主观的、冥想的一方面。……所以讲到这里，不能不怨"王学"末流之弊病，在太重主观，轻视实际。

梁先生这一段批评"王学"的话，实在公允而有见地，"王学"的长处，也不抹杀；"王学"的短处，也不回护。真可以名之为"王学"的"千秋定论"！

第三节　几封书信的力量

阳明到龙场居了很久，许多夷人，几尊敬同神明一样。不料有一天思州的守官，特遣差人至龙场来，侮辱阳明。在守官心里想：阳明这个小小的驿丞，哪里还敢反抗，总只有任凭侮弄而已。守官的差人，得意扬扬地到龙场来，果对阳明侮辱不堪，谁知由此竟惹动了夷人的公愤。他们敬之如神明父母一般的阳明，如何肯令差吏来任加侮辱，于是大众便把差人捉住，拳打脚踢，一顿暴打，几乎打得半死。打完，方放差人抱头鼠窜而去。

差人回到思州，见了守官，诉以阳明怂恿夷人，特地殴辱了他。守官大怒，便在上司之前，极力攻击阳明，不应唆使夷人，殴打差吏。那时有个宪副姓毛的，特遣人至龙场，谕阳明以祸福利害，令往守官处请罪谢过。阳明便复道：

昨承遣人喻以祸福利害，且令勉赴大府请谢，此非道谊深情，决不至此，感激之至，言无所容。但差人至龙场陵侮，此自差人挟势擅威，非大府使之也，龙场诸夷与之争斗，此自诸夷愤愠不平，亦非某使之也。然则大府固未尝辱某，某亦未尝傲大府，何所得罪而遽请谢乎？跪拜之礼，亦小官常分，不足以为辱，然亦不当无故而行之。不当行而行，与当行而不行，其为取辱一也。废逐小臣，所守以待死者，忠信礼义而已；又弃此而不守，祸莫大焉。凡祸福利害之说，某亦尝讲之。君子以忠信为利，礼义为福，苟忠信礼义之不存，虽禄之万钟，爵以侯王之贵，君子犹谓之祸与害；如其忠信礼义之所在，虽剖心碎首，君子利而行之，自以为福也。况于流离窜逐之微乎？某之居此，盖瘴疠虫毒之与处，魑魅魍魉之与游，日有三死焉。然而居之泰然，未尝以动其中者。诚知生死之有命，不以一朝之患，而忘其终身之忧也。大府苟欲加害，而在我诚有以取之，则不可谓无憾；使吾无有以取之，而横罹焉，则亦瘴疠而已尔，虫毒而已尔，魑魅魍魉而已尔，吾岂以是而动吾心哉！执事之谕，虽有所不敢承，然因是而益知所以自励，不敢苟有所隳堕，则某也受教多矣。敢不顿首以谢！

毛宪副接着这封信之后，就转送给守官看。那位守官也自觉惭服，明知衅由自己所起，怎好再怪别人。对此事，也不再提；只苦了那位差人，白白地给夷人饱打了一顿。

这时水西有个安宣慰使，素闻阳明之名，非常钦敬，想与阳明交好，特使人送许多米肉金帛等物给阳明，阳明却丝毫不受，一概谢绝。使者坚欲阳明收下，他无法再拒辞了，只好收下二石米与柴炭鸡鹅之类，至于金帛鞍马之物，无论如何，绝不肯受。过后，阳明写了一封信给安宣慰使，一方面感谢他所馈赠的物品，一方面教他不要再送这些东西来。一封正义严辞的信，弄得那位想交好阳明的安宣慰使，从此不敢再馈送东西给他了。

水西地方，朝廷以前原预备设卫置城的，城筑好，便因他事而中止了，但是驿传尚存之未废。这位安宣慰使久恨驿传，据在他的腹心，不好作何异动。便想将它去掉，以便任其畅所欲为；朝廷没有驿传，再也不能知晓他所为何事了。不过若果废去驿传，设被朝廷知道了，祸又不小。他明知擅废驿传，是要犯大罪的，而自己又极端想去掉它，事在两难，于是特遣人来请教阳明，问驿传是否可废？阳明就回了他一封信，力言驿传不能擅废。并且说：这是有关朝廷的威信，若是擅自废除，恐要获重咎。信内又说：

凡朝廷制度，定自祖宗，后世守之，不可擅改，在朝廷且谓之变乱，况诸侯乎？……使君之先，自汉唐以来，千几百年，未之或改，所以若此者，以能世守天子礼法，竭忠尽力，不敢分寸有所远。……不然，使君之土地，富且盛矣，朝廷悉取而郡县之，其谁以为不可？夫驿可减也，亦可增也，亦可改也；宣慰使亦可革也。由此言之，殆甚有害，使君其未之思耶？

一篇利害分明的大道理，摆在安宣慰使的面前，吓得他再也不敢萌此妄念，想废驿传了。

有个姓宋的酋长属下之阿贾、阿札等，忽然叛乱起来，到处骚扰人民。这次阿贾等作乱，有许多人都说是安宣慰使的主使，阳明也知系安之暗使，于是便又写了一封信，责备他不应按兵不动，坐视阿贾之难而不讨平。并劝他自动速讨叛将以赎罪。安氏不觉悚然自悟其过，遂乃率师一鼓将阿贾、阿札等就荡平了，人民也都赖以安宁。一个桀骜不驯的安宣慰使，却被阳明的几封信，弄得俯首帖耳，不敢不从。以一个小小驿丞，居然能使拥着重兵的宣慰使服从训导，不敢为非，真是创见罕闻的事。

我们由此可见一个人的道德学问，感人之深，比什么感动人，都要来得切、来得有效力呀！

第四节　贵阳讲学

阳明的学说，渐由龙场传到贵阳了。

贵阳提学副使席书，闻着阳明的学说，非常钦佩，特地亲自到龙场来，问朱熹、陆九渊学说同异之辨，究在何处？他这次到龙场的目的，就是想阳明能给他一个圆满的答复和解释，哪知阳明对于朱陆异同，完全不语，却只把他自己悟出的格物致知的道理，反说了一大套。席书满腹怀疑，又不好怎样再问他，只得怏怏而归。

次日，又复来问，阳明便举知行本体的道理，详细地讲给他听，又证五经诸子之说，无不尽合，席书至此才渐渐知道阳明的学说的价值。阳明见他已有领悟之状，乃又反反复复地讲明，席遂恍然大悟，说："圣人之学，复睹于今日，朱陆异同，各有得失，无事辩诘；求之吾性，本自明也。"于是欣然而归，告诉给毛拙庵宪副，亟称阳明之学说，毛闻之亦钦服不已。遂修葺贵阳书院，愿率贵阳诸生，以事师之礼而事阳明，特敦聘阳明，主持书院讲学。阳明也正想把他研究哲学心得，贡献给世人；今见毛宪副来请讲学，岂有不愿之理，于是就到贵阳来

　　　　　　　　　　　　　　　王阳明传

了。曾有诗以纪其事道：

> 野夫病卧成疏懒，书卷长抛旧学荒。
> 岂有威仪堪法象，实惭文檄过称扬。
> 移居正拟投医肆，虚席仍烦避讲堂。
> 范我定应无所获，空令多士笑王良。

诗中所说，因疾正拟投肆觅医，却也不是假话。他原来身体就不很十分强壮，此次到龙场这样瘴疫之地，如何能免不生病哩？有许多人都劝他请巫人来祷神，病必可痊，但他不愿做这迷信无益之举动，以故作罢。

阳明一到贵阳书院之后，便要实行他的教育主张了。他的主张是：

立志

志不立，天下无可成之事。虽百工技艺，未有不本于志者。今学者旷废隳惰，玩岁愒时，而百无所成，皆由所志之未立耳。故立志而圣则圣矣，立志而贤则贤矣。志不立如无舵之舟，无衔之马；漂荡奔逸，终亦何所底乎？昔人有言："使为善而父母怒之，兄弟怨之，宗族乡党贱恶之，如此，而不为善可也；为善则父母爱之，兄弟悦之，宗族乡党敬信之，何苦而不为善、为君子。使为恶而父母爱之，兄弟悦之，宗族乡党敬信之，如此，而为恶可也；为恶则父母怒之，兄弟怨之，宗族乡党贱恶之，何苦而必为恶、为小人。"诸生念此，亦可以知所立志矣。

勤学

已立志为君子，自当从事于学；凡学之不勤，必其志之尚未笃也。从吾游者，不以聪慧警捷为高，而以勤确谦抑为上。诸生试观侪辈之中，苟有虚而为盈，无而为有，讳己之不能，忌人之有善，自矜自是，大言欺人者，使其人资禀虽甚超迈，侪辈之中，有弗疾恶之者乎？有弗鄙贱之者乎？彼固将以欺人，人果遂为所欺，有弗窃笑之者乎？

苟有谦默自持，无能自处，笃志力行，勤学好问，称人之善，而咎己之失，从人之长，而明己之短，忠信乐易，表里一致者，使其人资禀虽甚鲁钝，侪辈之中，有弗称慕之者乎？彼固以无能自处，而不求上人，人果遂以彼为无能，有弗敬尚之者乎？诸生观此，亦可以知所从事于学矣。

改过

夫过者自大贤所不免，然不害其卒为大贤者，为其能改也。故不贵于无过，而贵于能改过。诸生自思，平日亦有缺于廉耻忠信之行者乎？亦有薄于孝友之道，陷于狡诈偷刻之习者乎？诸生殆不至于此。不幸或有之，皆其不知而误蹈，素无师友之讲习规饬也。诸生试内省万一有近于是者，固亦不可以不痛自悔咎；然亦不当以此自歉，遂馁于改过从善之心。但能一旦脱然洗涤旧染，虽昔为寇盗，今日不害为君子矣。若曰吾昔已如此，今虽改过而从善，将人不信我，且无赎于前过；反怀羞涩疑沮，而甘心于污浊终焉，则吾亦绝望尔矣。

责善

责善朋友之道，然须忠告而善道也。悉其忠爱，致其婉曲，使彼闻之而可从，绎之而可改，有所感而无所怨，乃为善耳。若先暴白其过恶，痛毁极诋，使无所容，彼将发其愧耻、愤恨之心，虽欲降以相从，而势有所不能，是激之而使为恶矣。故凡讦人之短，攻发人之阴私，以沽直者，皆不可以言责善。虽然，我以是而施于人不可也；人以是而加诸我，凡攻我之失者皆我师也，安可以不乐受而心感之乎？某于道未有所得，其学卤莽耳。谬为诸生相从于此，每终夜以思，恶且未免，况于过乎？人谓事师无犯无隐，而遂谓师无可谏，非也。谏师之道，直不至于犯，而婉不至于隐耳，使吾而是也，因得以明其是，吾而非也，因得以去其非。盖敩学相长也。诸生责善，当自吾始。

在他的教育主张中，我们看得出几个重要之点：（一）为学第一在立志，志圣则圣，志贤则贤；不立志，就似舟无舵，似马无衔，其危险不堪设想。（二）读书不以聪慧警捷为高，而以勤确谦抑为上，这就是"士先器识，而后文艺"的意思。（三）人不贵于无过，而贵于过而能改。（四）责善朋友，须忠告善道。师虽尊严，亦可谏之，但直不至于犯，而婉不至于隐耳。这便是他对教育上的主张和精神。

阳明这次讲学，最重要的就是阐明自己的学说。但是贵阳地方，地处僻远，知识闭塞，一般学生，从来不知什么是"知行合一"。所以阳明尽管讲得舌敝唇焦，而他们依然毫无领悟。这也难怪他们，连一个提学副使，尚且要细细地讨论，方可明白，诸生怎能一旦就可了解这种精微深邃的大哲学呢？

第九章

谪限满期后的升迁

第一节　治庐陵县

为忤了刘瑾，弄得贬谪到龙场，三年之后，谪的期限也满了。朝廷升他为庐陵县的知县，在宦海一落千丈的阳明，渐渐地要往上升浮了。

赴任时，路过常德辰州，遇见旧日门人冀元亨、蒋信、刘观时等，又闻得他们都能卓然自立，不谐流俗，不禁大喜。说道："谪居两年，无可与语者，归途乃幸得友，悔昔在贵阳，举知行合一之教纷纷异同，罔知所入，兹来与诸生静坐僧寺，使自悟性体，愿恍恍若有即者。"即又在途中寄信与冀等说："前在寺中所云，静坐事非欲坐禅入定也。盖因吾辈平日为事物纷拏，未知为己，欲以此补小学收放心一段功夫耳。明道云：'才学便须知有用力处，既学便知有得力处。'诸友宜于此处着力，方有进步，异时始有得力处也。"这段话，就是阳明告学者悟学的法子，是很有价值的。

他自从上任之后，对于政事。不用盛刑，专以开导人心为本。这不是他的迂腐处，乃是他为政的重要学问题处。他已知道用刑是治不好人民的，唯有正本清源，先从开导人心起，方易收民善之效。他考稽旧制，选举县中三个年高德厚、品端行

　　　　　　　　　　　　　　　　王阳明传

粹的老人，作为治理词讼之事的总裁判，自己只在旁边做个监督，坐视三老审判。他为什么要这样做呢？原来我国人的心目中，最敬重的就是年岁又高、德行又好的老人，所以俗有"凡事要好，须问三老"之谚。阳明已看到了这点，故选三个有德的老人来主持讼事。如若有人诉讼什么事，便使三老向来诉讼的人，委曲劝谕。一般人民，均悔过自责，甚至受了感动太深的，还要泣下。明代的诉讼之风，原是非常之盛，而庐陵县的人民，更是健于讼争。自从阳明这样把人心一一开导，便都觉得诉讼，是件极不好的事，除非是出于万不得已，方来诉讼，否则再也不来。由是积弊已除，囹圄为之日清。

在庐陵县不仅仅是息了讼风，他还做了几件德政，值得我们说一说的。

有一次县里流行症大盛，罹者多不能免，一般人都怕病症传染厉害，每逢自己家中，如有一人染着了流行症，则其余的人，一概都潜自离开了，诚恐感受病者的传染。这病者每每因病还不曾死，可是汤药馔粥不继，反多饥饿而死的。阳明一方面派遣医生，分行救治，一方面又出谕劝令子弟，须兴行孝弟，各念骨肉，莫忍背弃。由是染疫而死者渐少；浇薄之风俗，也为之一变。

在县里盗贼颇为横行，民间既无防御之法；以前的长官，又无抚戢之方，盗势由此益盛。阳明便立一种保甲法，保甲法就是与现在的调查户口差不多。又谕寇至须互相救援，坐视者科以重罪。又令各家家长，须严束子弟，毋染薄恶，已染者宜速改过向善；过去不咎，否则即治以法。盗风由此乃戢。

天时亢旱，以致火灾流行，有次竟延烧千余家。这原因即在衢道太狭，居室太密，架屋太高，无砖瓦之间，无火巷之隔。所以一遇火起，即难救扑，往往成为巨祸。阳明便立一法，以为救济。凡南北夹道居者，各须退地三尺为街；东西相连接者，每间让地二寸为巷。又间出银一钱，助边巷者为墙，以断风火。沿街之屋，高不过一丈五六，厢楼不过一丈一二，违者有罚。火灾从此也渐渐减少，即或起火，亦不能成为巨祸了。

此外，还有绝镇守横征，杜神会借办，清驿递，延宾旅，在庐陵总共不过七个月，便做出许多有益于民的成绩。他走了之后，庐陵人还是口碑载道，思慕不已。

第二节　昌明圣学的时代

刘瑾自阳明谪后，威权日甚，所有朝廷大小事，皆由瑾专决，故思图谋不轨，也想尝尝做皇帝的滋味。哪料被张永将他作恶的实据，一件一件都觅着了，极力在武宗面前参劾。武宗至此始悟刘瑾之奸，遂执瑾，籍其家，又将瑾磔之于市。野心勃勃的刘瑾，皇帝的滋味，毕竟没有尝着，抄家杀头的滋味倒被他尝着了。

刘瑾既死，其奸既暴，凡是曾反对过刘瑾的，不问而知是忠臣了。遂将瑾所陷害的人，均复起用。阳明是反对瑾贼最力的人，自然也在起用之列。于是升为南京刑部四川清吏司主事。因此阳明离开庐陵，又再入京师朝觐履新了。

他这次晋京所抱的目的，就是要肩起昌明圣学的担子。换句话来说罢，他就是要将自己的学说，阐明起来，发扬起来。

这时有个黄绾，字宗贤的，时为后军都事，少便有志圣贤，专致力研究紫阳、象山、横渠、敦颐、伊川、明道等之书籍。耳闻阳明之名甚久，因不知阳明所学究竟若何，所以未来访谒。但他的朋友储公巏，却是深知阳明的，于是就写信给他道："近日士大夫，如王君伯安趋向正，造诣深，不专文字之学，实不多见。足下肯出与之游，丽泽之益，未必不多。"黄绾至此，方知向日未谒之失，于是即夕趋见，阳明与语喜道："此学久绝，子何所闻？"黄答："虽粗有志，实未用功。"阳明道："人唯患无志，不患无功。"又问："已识湛若水先生否？"答："未识。"阳明无意中忽得这个志同道合的黄绾，心中真快乐已极，次日便约黄绾与若水相晤，订与终日共学。此时黄绾，还是阳明的同志之友，后来还是执了贽愿列门墙，因他实在太佩服阳明，不敢自居友位，情愿列以门徒，最后，果然做了王门的一个大弟子。

在刑部不久，又调到吏部，阳明把公事办完之后，就同若水、宗贤等，互相研究圣学。因为感情亲密，所以饮食起居，也是在一处，不肯离开。此时还有一个同僚方献夫，位职在阳明之上，因闻阳明论学之旨，大为倾服，也执贽事阳明以师礼。

若水奉旨，忽欲出使安南，阳明特作诗送他之行，饮食起居不离的同志，忽然去了一个，可知他此时心绪，是如何怅惘寡欢了。

阳明的官运，此时忽然亨通起来，由主事升员外郎，升郎中，接着又升太仆寺少卿。但他此时，对于政治生活，陡地反起了厌烦，殊不愿官上升官，他对于做官，根本已觉得讨厌了。可是君命由不得自己，只好"钦此谢恩"了。

他此时所要想过的生活，乃是山水生活，他所梦想的，是结庐于天台、雁荡之间，终老余年。但朝廷怎能容他这样去过安闲生活呢？梦想依然是梦想啊！

乘履新之便，顺道先拟归家中省亲一次，这回同来的有个门人徐爱，在舟中与论《大学》宗旨，徐爱大悟，喜极跃起，手舞足蹈，似疯狂一样者数日。他这次快乐热度，同他的老师在龙场初发明知行合一的学说的快乐热度，差不多是一样达于沸点。

阳明这回入京师，及门者特别加多。他的学说，信仰者也愈加增多。昌圣明学的旗帜，拥护"王学"的口号，遍见于京师各处，阳明此次进京的目的，已完全达到了。

第三节　遨游啸咏山水的生活

阳明由二月到家以后，预备偕同徐爱到天台、雁荡去游历，又写信给黄绾约他同去。因亲友羁绊，时刻弗能自由，以是暂作罢论。等到五月终，他决定要去游历了，时值烈暑炎天，而阻者益众且坚，于是又不能动身。没法子，权在附近小山上游赏，暂时过过山水瘾再说。到了七月，他实在不能再待了。黄绾又久候不至，他也不愿再等。于是同徐爱等数人，从上虞入四明，观白水，寻龙溪之源，登杖锡，至于雪窦，上千丈岩以望天姥华顶。年来梦想的山水生活，一一都实现了。

游毕，复从奉化取道赤城，适遇天旱，山田尽干裂，人民都在彷徨望雨，使他亦为之惨然不乐。遂自宁波，还归余姚，半月旅行的生活，暂告中止。归后，黄绾遣使者以书来迎，阳明复书深惜他不同此行。原来阳明之意，非独专事山水之娱，乃是想借登游山水之便，以好点化门人。黄绾是阳明所深爱的弟子，竟未能与于这次胜游，所以他心里，总觉得这是很歉然的一件事。

在家勾留太久了，徐爱又已去，兼以亲友催促，于是离家赴滁州上任去了。

　　　　　　　　　　　　　　　王阳明传

滁州山水佳胜，素已著名，地僻官闲，这一下正合了阳明的心意。他带着一些门人，任意遨游琅玡让泉的地方，领略湖山泉石之胜，一方面又指导他们悟理为学的功夫。门人如若有什么疑难问题，随问随答，无不满意。由是从游弟子益众，每逢月夜，环坐龙潭约数百人，歌声常振山谷。这时阳明的生活，清闲极了，也舒服快乐极了。

　　清闲舒服快乐的生活，毕竟是不能久享的。在滁州仅居了半载，官又加升为南京鸿胪寺卿，要离开滁州往南京去了。

　　走的时候，门人都来亲送，一直送到乌衣地方，还是不忍分手，均留居江浦，等候阳明渡江后方肯归去。可知他们师弟之间的感情，是如何的深且挚啊！

　　到南都后，徐爱也来了，时弟子又群集师门，日夕渍砺不懈。——原来阳明，自正式授徒讲学之后，他的门人，多半是随着他的足迹的。

　　自阳明离滁州后，他在滁州的一般学生，因离师的缘故，渐渐放言高论，或背师教。有人来便告诉阳明，阳明也太息着说：“吾年来欲惩末俗之卑污，引接学者，多就高明一路，以救时弊。今见学者渐有流入空虚，为脱落新奇之论，吾已悔之矣。”

　　有许多人，都以“王学”空虚为诟病，由他这篇话看起来，可知其过，乃在阳明弟子，而不在阳明了。这种流于空虚的毛病，不但现在滁州的学生是如此，就是后来钱德洪等也是如此，这可以说是“王学”的不幸。

阳明正因学生将自己的学说误解了，心中非常懊丧，恰巧又有两个门人名王嘉秀、萧惠的，好谈仙佛，阳明于是又警诫他们说："吾幼时求圣学不得，亦尝笃志二氏；其后居夷三载，始见圣人端绪，悔错用功二十年。二氏之学，其妙与圣人只有毫厘之间，故不易辨；唯笃志圣学者，始能究析其隐微，非测臆所及也。"

因学生易犯流于空虚的毛病，故他不能来严重告诫。许多学者都说"王学"易流空虚，颇近禅学，在此处似可证明批评的不错。但阳明本意，原是不要教人流于空虚的；在上面两段谈话中，也可以证明。至于真正得着阳明真传的，只有清初大师黄梨洲一人而已。因他学"王学"而不流于空虚，能作实在功夫也。

第四节　纯孝至情流露的《陈情表》

阳明从幼，便有一件最不幸的事，就是他的母亲早逝了。幸亏他的祖母鞠育，费尽许多心血，才把他抚育长大。他自从过政治生活后，便与慈爱的祖母离开；虽也间或乘便回家省视一次，但不多时，又依然要别去。他这回到京时，他的祖母已经有了九十六岁，他常常忧虑着，祖母的年寿已高，恐再不能在这尘间多留。自己若不早点辞职归家，侍奉祖母一些时，恐怕一旦见背，便要抱无涯之痛，而有不能再见的终身遗憾了。适遇朝廷举行考察之典，拣汰不职僚员，他乘这个机会，便上了一个表章道：

迩者，朝廷举考察之典，拣汰群僚，臣反顾内省，点检其平日，正合摈废之列。……况其气体素弱，近年以来，疾病交攻，非独才之不堪，亦且力有不任。……若从末减，罢归田里，使得自附于乞养之末，臣之大幸，亦死且不朽。

表上以后，满希望皇帝能给他一个"准如所奏"，便好还乡了，哪知结果却大失所望。于是又上疏道：

　　顷者臣以朝廷举行考察，自陈不职之状，席藁待罪，其时臣疾已作，然不敢以疾请者，人臣鰥旷废职，自宜摈逐以彰国法，疾非所言矣。陛下宽恩曲成，留使供职，臣虽冥顽，亦宁不知感激自奋，及其壮齿，陈力就列，少效犬马；然臣病侵气弱，力不能从其心。臣自往岁投窜荒夷，往来道路，前后五载，蒙犯瘴雾，魑魅之与游，蛊毒之与处；其时虽未即死，而病势因仍，渐肌入骨，日以深积。后值圣恩汪濊，掩瑕纳垢，复玷清班，收敛精魂，旋回光泽；其实内病潜滋，外强中槁，顷来南都，寒暑失节，病遂大作。且臣自幼失母，鞠于祖母岑，今年九十有六，耄甚不可迎侍，日夜望臣一归为诀；臣之疾痛，抱此苦怀，万无生理。陛下至仁天覆，惟恐一物不遂其生。伏乞放臣暂回田里，就医调治，使得目见祖母之终。臣虽殒越下土，永衔犬马帷盖之恩！倘得因是苟延残喘，复为完人，臣齿未甚衰暮，犹有图效之日，臣不胜恳切愿望之至。

　　疏上，自以为这样情词恳切的陈情表，总可以感动得天子，允他所请。哪知天下的事，每每有出人意料之外的。你所要做的事，偏没有给你做；你所不愿做的事，偏会要你做了。阳明这方面正在竭力积极上的上表辞职，哪晓得原来的官职不但没有辞掉，反而升为都察院左金都御史，巡抚南赣等处了。

　　　　　　　　　　　　　　　　　　　　王阳明传

原来那时南赣汀漳等处，群盗蜂起，尚书王琼素知阳明富于军事学识，故特保荐他任巡抚平盗之责。这真把他急煞了，官未辞掉，反而又升一官；归计不遂，反要赴赣平盗了。这教他怎么办呢？于是又复上表，作第三次陈请。

第三次的辞职表上了，皇帝就下了一道手谕说："王守仁不准休致，南赣地方，现今多事，着上紧前去，用心巡抚。"

这样二十几字的一道"御批"，使得阳明再也不敢提起辞职的话。皇帝的威权，是不可测的；他不准辞职，你若还是要辞职，他如怒你不该违抗意旨，给你一个"不遵君命"的罪名，那你就会身与首宣告脱离关系了。阳明已经尝过了一次贬谪的滋味，怎敢再去冒险呢？只好把辞职归家的念头，暂时收起。预备为国驰驱，提兵戡乱了。

阳明的生活，又将由政治转入军事了。我们以前所看的，都是文的生活，现在要看他武的生活了。文剧已经演过，武剧现正开始演奏，请读者朝后看罢。

第十章

剿平诸寇

第一节　倡行十家牌法

　　阳明，有的人知道他是个大理学家，有的人知道他是个大教育家，有的人知道他是个大文学家，有的人知道他是个大政治家，但是从来没有人能知道他还是一个大军事家。偏偏给王琼知道，特荐举他现任剿寇与后来讨逆之责，造成一番轰轰烈烈的丰功伟业。使后人对于阳明，更加一层景仰；对于阳明的学问，更深一层认识。这些功劳，不能不归之于王琼。设没有王琼的赏识、举荐，阳明纵有极深湛精髓的军事学，也无人能够知道和注意。那么，他的军事学识，只有永远埋没在他个人的心里腹里，永没有表现暴露的机会。至于他何以能负有如许绝大的军事学识呢？这一半是受了许璋的衣钵真传，一半是自己平日下苦功研讨的心得。合起两个"一半"，就成就了"一个"大军事家的王阳明。

　　他出京到赣，将开始过他的剿匪生活。在半路上万安地方，就遇着有流寇数百，沿途大肆劫掠，以致许多的商船，都不敢前进。他便联好了很多商船，结为阵势，扬旗鸣鼓而来。一般贼寇，都误以为是官兵来剿灭自己了，一个个均惊惶失色，罗拜于岸，哀恳他说："我们不是贼匪，我们都是饿荒的流民，来请求赈济的。"阳明见他们已悔罪了，便派人上岸晓谕说："至赣后即差官抚插，各安生理，勿作非为，自取戮灭。"许多贼匪都因惧怕法纲，一一自行散归。这虽是一件极平常的小事，然可足见他的才能之一斑哩。

自到赣后，他第一步便做严查户口、清贼内应的工作，原来赣中奸民颇多，为贼寇做耳目，无论官府有何举动，贼寇便已知道，预为防备。故官军剿匪的结果，百分之九十九是失败。阳明知道内贼不除，外贼绝不易平。他秘密调查通匪之首领，为一军门老隶，为虎作伥，异常狡猾。于是把这老隶捉来，问他愿生还是愿死？如愿生，须将贼中虚实，暨一切情状，尽量照实供出，可以贷其不死；否则即身首不保。老隶自然是愿生不愿死的，遂把贼情完全实吐了。又因奸民过多，良莠无从查起，乃于城中立十家牌法。这十家牌法，就是与现在的户口调查表一样，但较现在之户口调查表为严密，似含有国民革命军的连坐法的意味，也可说是连环保结式，为治盗匪一个最好的法子，这是阳明特创的。

他初行此法时，便先晓谕人民道：

本院奉命巡抚是方，唯欲翦除盗贼，安养小民。所限才力短浅，智虑不及，虽挟爱民之心，未有爱民之政。父老子弟，凡可以匡我之不逮。苟有益于民者，皆有以告我，我当商度其可，以次举行。今为此牌，似亦烦劳，尔众中间，固多诗书礼义之家，吾亦岂忍以狡诈待尔良民。便欲防奸革弊，以保安尔良善，则又不得不然。父老子弟，其体此意。

他料到要行这十家牌法，人民不知，必多怨恨的，所以剀切的晓谕他们，要体念政府是为保安良民起见，不得不行的。纵受须臾苦痛，但可享受永久的安宁幸福。

"御外之策，必以治内为先"。这句话真是不错，自十家牌法一行之后，再也没人敢私通匪类、传递消息、窝藏奸宄了。

一面施行治内政策时，一面又精选民兵，所有老弱之卒，一概淘汰，择许多骁勇绝群、胆力出众的壮年汉子，分别教练御侮破敌之术，又令各县长官，照样选择勇壮士卒，分守城隘。各处防备已妥，自己择教的精兵，又已纯熟，于是实行出兵作剿匪工作了。

第二节　肃清贼寇

明朝是一个贼寇最多，而又最横行猖獗的时代。就是明朝的国家，后来也是亡于李自成、张献忠的手里，虽有许多官兵进剿，结果总是劳而无功。自经阳明领兵剿灭，不留一点遗孽，清平将及百年，而无匪踪。这种武功，这种用兵如神，真可说是旷古所未有的。真值得称为"大军事家"四个字！也真不愧这四个字！

他所平的贼寇，头绪纷繁，几无从叙起，兹为使读者易于明了起见，分段述之于下：

（一）平漳州贼。漳州贼魁詹师富、温火烧，是时率众横行，势极猖獗。阳明到赣仅十日，见警报甚急，于是先行进剿。一面移文湖广、福建、广东三省长官围剿，一面自己誓师出发。因贼域早已蔓延四省之广，凡一省剿匪，其他三省必须同时合作，已勒为令。但阳明对于此举，颇不赞成。盖既久候三省，同时进兵，则多费时日，贼易早窜，且仓促之变，尤非随机扑灭不可。故他带着副使杨璋，不等三省兵来，早已下了动员令。遇贼于长富村，战而败之，贼退象湖山，追至莲花石，适于会剿兵遇，乃行合围之策：围宽，反被贼溃出，阳明怒责失律者；后佯云将退师犒众，贼闻不备，遂袭而大破之，漳贼尽平。是役斩贼首七千余级，为时不过二月零三日。

（二）平乐昌、龙川贼。平了漳贼之后，而乐昌、龙川尚多啸众肆掠，将用兵剿之，先犒以牛酒银布，复谕之曰：

人之所共耻者，莫过于身被为盗贼之名；人心之所共愤者，莫过于身遭劫掠之苦。今使有人骂尔等为盗，尔必愤然而怒；又使人焚尔室庐，劫尔财货，掠尔妻女，尔必怀恨切骨，宁死必报。尔等以是加人，人其有不怨者乎？人同此心，尔宁独不知？乃必欲为此，其间想亦有不得已者。或是为官府所迫，或是为大户所侵，一时错起念头，误入其中，后遂不敢出。此等苦情，亦甚可悯，然亦皆由尔等悔悟不切耳。尔等当时去做贼时，是生人寻死路，尚且要去便去；今欲改行从善，是死人求生路，乃反不敢耶？若尔等肯如当初去做贼时，拼死出来，求要改行从善，我官府岂有必要杀汝之理。尔等久习恶毒，忍于杀人，必多猜疑；岂知我上人之心，无故杀一鸡犬，尚且不忍，况于人命关天。若轻易杀之，冥冥之中，断有还报，殃祸及于子孙，何苦而必欲为此。我每为尔等思念及此，辄至于终夜不能安寝，亦无非欲为尔等寻一生路。惟是尔等冥顽不化，然后不得已而兴兵，此则非我杀之，乃天杀之也。今谓我全无杀人之心，亦是诳尔；若谓必欲杀尔，又非吾之本心。尔等今虽从

王阳明传

恶，其始同是朝廷赤子。譬如一父母同生十子，八人为善，二人背逆，要害八人。父母之心，须去二人，然后八人得以安生。均之为子，父母之心，何故必要偏杀二子，不得已也。吾于尔等，亦正如此。若此二子者，一旦悔恶迁善，号泣投诚，为父母者亦必哀悯而赦之。何者？不忍杀其子者，乃父母之本心也；今得遂其本心，何喜何幸如之。吾于尔等亦正如此。闻尔等为贼，所得苦亦不多，其间尚有衣食不充者；何不以尔为贼之勤苦精力，而用之于耕农，运之于商贾。可以坐致饶富，而安享逸乐，放心纵意；游观城市之中，优游田野之内。岂如今日出则畏官避仇，入则防诛惧剿；潜形遁迹，忧苦终身。

辛之身灭家破，妻子戮辱，亦有何好乎？尔等若能听吾言，改行从善，吾即视尔为良民，更不追尔旧恶；若习性已成，难更改动，亦由尔等任意为之。吾南调两广之狼达，西调湖湘之士兵，亲率大军，围尔巢穴。一年不尽，至于两年；两年不尽，至于三年。尔之财力有限，吾之兵粮无穷。纵尔等皆为有翼之虎，谅亦不能逃于天地之外矣。呜呼！民吾同胞，尔等皆吾赤子，吾终不能抚恤尔等，而至于杀尔，痛哉！痛哉！兴言至此，不觉泪下。

这篇谕文，无论什么人见了，都得要受它的感动，尤其是它那一种蔼然哀怜无辜之情，能使人读了，不觉泪下。果然龙川贼首卢珂、郑志高、陈英等，见此谕文后，便即刻率众来降，并愿効死以报。后浰头贼将黄金巢，亦率五百人効顺。阳明不费一兵一矢之劳，居然一纸谕文，就把乐昌、龙川之贼平了。

（三）平大庾贼。龙川贼降，以大庾贼最近，议先破之，招新民之在寨的，用卢珂、郑志高等设计，潜行纵火，破寨十九所，斩贼首陈曰能，并其从者五百十级，大庾贼遂平。为时仅二月零五日。

（四）平横水左溪贼。阳明那时驻南康，去横水三十里，乃夜抽乡兵善会登山的四百人，使各执旗，赍铳炮，由间道攀崖，伏于贼巢附近高岩，预嘱大兵进攻时，即以火炮响应。又预遣指挥谢忞，率壮士夜上窃险，先发其滚木礌石之伏险的贼徒。于是进兵，贼刚迎敌，忽山顶炮声兀起，烟焰蔽天，回头一看，则红旗满山，以为官军已占据了寨，将弃隘走，而谢忞的兵呼噪出，贼益怯战，阳明麾兵进攻愈猛，贼大溃，遂破长龙等五寨，及横水大寨。

先是未剿横水以前，预遣都指挥许清，自南康心溪入，知府邢珣，知县王天与自上饶入，皆会横水。指挥郏文自大庾义安入，唐淳、季斅自大庾聂都稳下入，县丞舒富自上犹金坑入，皆会左溪。惟知府伍文定、知县张戬从上犹南康分入，以遏奔轶。至是果各奏肤功：刑珣王天与各破磨刀、樟木、貌湖八寨，会于横水；唐淳破羊牯脑三寨，又破左溪大寨，郏文、舒富、季斅各破狮子、长流、箬坑、西峰十二寨，会于左溪；最后伍文定、张戬亦以遏轶兵，连破数寨。于是横水、左溪之贼均平。

计斩贼首谢志珊等五十六，从贼二千一百余，俘贼二千三百余，散归者无算，为时只二十日。

（五）平桶冈贼。横水、左溪之贼既平，因粮尽兵竭，且桶冈险不易下，拟先抚谕，不从再剿之。遣通贼戴罪官民李正岩、刘福等，直入贼寨谕抚，约次日会锁匙笼候抚，贼初畏威允从，既而变悔，因犹豫不决，故未暇为备。至期，一面派人至锁匙笼如促降者，一面暗遣邢珣入茶坑，伍文定入西山界，唐淳入十八磊，张戬入葫芦洞，俱冒雨进。贼首蓝天凤、钟景方出锁匙笼候命，忽闻阳明的军都至，急返内隘，据水而阵；阳明遂领兵进剿，大破之。贼首蓝天凤、钟景、萧贵模等，均面缚叩军门乞命，桶冈贼遂平，为时仅一月十一日。

（六）平大帽贼。帽贼池仲容，前见阳明抚谕，乃观望不至，但其将黄金巢却已归顺，阳明破横水，黄竟立功，池始惧罪。在阳明征桶冈时亦遣其弟仲安来从，非助官军，乃是乘间预做贼应的。阳明已知其诈，故抑置后队，不使夺隘；及桶冈破，池氏兄弟大恐，益增战具。阳明知有变，至三帽界，见贼戒备颇严，诡问其故。答说："卢珂、郑志高是我们仇敌，戒备系防他来暗袭，不是防备官军的。"阳明假怒着说："你们都是从征有功的，不应以私害公。"值仲安在军，而卢郑密告三帽反状，阳明乃出仲安面质，佯责卢郑为诬陷，假杖系之于狱，而阴使卢弟集兵待，遣人招仲容来。仲容不虞阳明有诈，既来，阳明待益厚，仲容更为不疑。正月三日大享，伏甲士于门，出卢郑于狱，而暴池氏兄弟之罪，尽斩之。于是进灭其巢，一鼓而下；贼首张仲全等恸哭请降，乃纳之；大浰贼尽平。是役斩贼首五十二，并从贼二千余，为时不过十日。

以上所叙的，都是阳明亲平的巨寇，至于旁剿之著者如彬桂贼，此处不再为叙述了。

阳明到赣，不过一年，而所有的贼寇，被他剿抚并用，一齐都肃清了，由是境内大定。他很感激王琼的举荐，及邀请天子赐他军事上的全权，始能便宜行事，荡平匪乱。每于疏后，均推兵部之功，语总不及内阁。时内阁与琼有隙，见阳明如此推重王琼，大为妒恨，谓抚臣无赖，有功状不归之朝廷，而反归之于兵部，是真大不敬。阳明冒尽危险，用尽心机，得来的一点功劳，反遭小人的攻击，真可为之一叹。

虽然妒恨者自妒恨，而阳明的剿匪功劳，无论如何，总不能磨灭下去；论功行赏，升封为都察院右都副御史了。

他得胜班师，回到南康时候，沿途人民都顶香膜拜，并且许多州县人民，还为他立生祠，因他为民除了一大害——匪患，所以人民才这样崇拜他、尊敬他呀！

第三节　偃武修文的时期

贼寇已平，武事完结，而文事兴致又动了。

他在此时做了两件很有益于哲学上的事情：

（一）刻古本《大学》。《大学》是中国哲学上一本极重要的名著，就是阳明的"致知"学说，也是由《大学》中产生。后经程子、朱子为之分经分传，其书原是一篇，本来没有经传可分，硬被程朱一分，反失去原有的真质；又有些地方本不阙漏的，被程朱一补，反弄得本义隐晦了。阳明在龙场时，见朱子注的《大学章句》，不是圣门本旨，乃手录古本，伏读精思，果然证明朱子的谬误。他因不满意程朱的分补，遂刻没有分或补的古本《大学》，恢复《大学》原来的完璧。又旁为之释，而引以叙。至于他所释的。是否即《大学》本旨，我们固难断定，然使我们多得一见解的参考，和更多一深切的认识，是无可讳言的。

（二）刻《朱子晚年定论》。朱子因为同明朝皇帝同宗的缘故，差不多尊之如神明一样，再也没有人敢来批评他的不是处；偏偏阳明对他却处处表示不满意——不是人格的不满意，乃是学说上的不满意。于此须得先说明一句：阳明的学说，乃是受了陆象山的影响；换句话说吧，阳明乃是陆的信徒，他的学说，多少都带有百分之七十陆学说精粹的成分。陆对于朱是极端抱着反对态度的，朱的学说是"道学问"，陆的学说是"尊德性"。谁是谁非，千载而后，还没有人能敢下一胜负的定谳。故阳明的不满意于朱子的学说，是当然的，不足为怪的。反之，如朱子的信徒对于陆的学说，也是不能满意而要大施攻击的。

至于他为什么要刻朱子的《晚年定论》呢？他借这《晚年定论》来攻击朱子吗？但以我个人的见解，阳明刻这书时，固然是含有宣告陆氏的学说，已占胜利；而朱氏的学说，已处失败的地位，而有向陆投降的意味。但也不完全是这样。他实在意义，是推重朱子晚年能悟中年之非，终不失圣门学者态度；可惜为其门人，误执己见，以致真朱学反蔽而不彰，是很可惜的（但后来学者已考证《朱子晚年定论》，不一定都是晚年的言论）。还有一方面，就是阳明的学说倡出后，一般人常把朱子学说来诘难，说"王学"乃是伪学。阳明知道自己的学说，与朱子中年的未定之说，自然是抵牾很多，但与朱子晚年之说一印证，却正相合。足见自己发明的学说，不是伪哲学，而是极有价值的哲学了。

他把两本书刻完以后，却得了一件极可痛心的事，就是他平日最心喜的门人徐爱，与他长辞了。他此时哀恸，已达于极点。他不仅因为死个门人，便如此伤心，实在是徐爱乃王门第一个大弟子，最能了解认识他的学说。徐爱一死，直接是他学说上的大损失，间接就是中国哲学上的大损失。他看着许多门人，都不及徐爱能知他的学说之深。后来果然阳明死后，门人就分派别，立门户，使"王学"几完全流于虚妄，为举世所诟病。要是徐爱不早死，或者不会如此哩。

徐爱既死，他所遗下的有本《传习录》，是记阳明与门人所问答的话，徐爱特地记下来，这是研究阳明学说的人所不可不读的，薛侃将徐爱所录一卷、陆澄所录一卷刻之于虔。阳明的学说，于是更为昌大普遍了。

阳明平贼之后，不仅专注重文事，而且对于政治建设方面，也极力进行，如疏通盐法、设立书院、定兵制、举乡约、立社学、设和平县等事，都是在贼平后做的。

第十一章

讨逆戡乱

第一节　扑灭宁王的逆焰

武宗是个昏暴的君主，宠信一般阉宦，他还不悟刘瑾即是前车之鉴，又爱荒游无度，弄得朝政日非，人民嗟怨，就此引动了宁王的野心，起了"彼可取而代也"的念头。

其实这也不能怪宁王，自古及今，谁个不想尝一尝做皇帝的滋味？无权无能的平民，都有这种野心，何况宁王手握重兵、职居王位呢？只怪他的机会不好，一下就碰着阳明，皇帝没有做成，反使历史上大书而特书"乱臣贼子"等字样，落得臭名千载，供人唾骂，未免太不值得。总而言之，"皇帝"这个位置，实在是个不祥之物，古今的多少人，为要尝一尝它的滋味，弄得骨肉相残，身首莫保的，随在都是。故我说这次宁王大发野心，原不能怪宁王，只怪做"皇帝"的滋味，太具有勾引迷惑人的大魔力呀！

宁王在未叛以前，见阳明毫不费力地荡平诸寇，心里颇为惊服他用兵之神，因也惧怕阳明，如将来自己动兵时，恐阳明会做对头，从中破坏。他于是派自己心腹刘养正，特往试探，乘间游说，假作宁王慕阳明之学，特请其讲学的。不料阳明是个极端忠君主义者，倒弄得刘养正不敢开口，但阳明因宁王乃是个藩王，既使人来聘请，自然也要应酬一下，便派门人冀元亨往应其聘，并借以观宁王所为。宁王语时挑之，元亨佯不喻，宁王目以为痴。他日，元亨又反复讲君臣之义甚悉，宁王见太不投机，乃作罢。不久就起反了。

阳明此时，因得祖母病重的信，心急如焚，故上疏致仕，旨下不准，反命他往福建戡乱，阳明又不敢违抗，只好遵旨。不料刚行至丰城，就得知宁王作乱，并且杀了都御史孙燧等消息，遽易服弃官舟返。宁王发千余人来劫，几被蹑及，乃匿渔舟之临江，复到吉安。他已预备不去福建，变起非常，他不能不负起讨逆平乱的重大责任了。

到吉安，与知府伍文定谋，惧逆兵直趋京师，则大局将危不可挽，若用计挠阻，少迟旬日，即可以布置一切了。乃阳通刘养正，使宁王早离南昌，并嘱其做内应。阳明又手不停笔，连发公文火牌二百余事，或召勤班，或戒防守，或布告远地；又急上疏飞报朝廷；复与文定征调兵食，治器械舟楫；又传檄暴露宁王的罪恶。时都御史王懋中、编修邹守益、副使罗循、罗钦德、郎中曾直、御史张鳌山、周鲁、评事罗侨、同知郭祥鹏、进士郭持平、降谪驿丞王思、李中都来了；御史谢源、伍希儒，也自粤归。人才一多，办事愈易收效。会宁王的伪檄，也使人赍到了吉安，阳明便把使者斩了，封檄拜疏以进。又扬言都督许泰、邵永将边兵，刘晖、桂勇将京兵，各四万，水陆并进；南赣王守仁、湖广秦金、两广杨旦合领十六万，将直捣南昌。又诈作蜡书，遗宁王左右相李士实、刘养正，诡令劝宁王速率兵东下，功成必膺懋赏。故又泄漏于宁王，使他知晓。这一反间计，真用得厉害，宁王已疑李、刘二人有卖己行为了。恰巧李、刘果力劝疾趋南京，宁王越发大疑，不敢出师离南昌一步。过了十天，见朝廷讨伐的兵，一个也没有来进攻，于是才知是上了阳明的大当了。

十天已过，宁王便实行出师，哪知机会已过，阳明在此十日之内，一切都布置调度妥毕，预备对敌，再也不惧怯宁王了。在这千钧一发的时候，被他略施小计，便使敌人不敢出一兵一卒，让自己得以从容布置一切讨逆事务。临这样之非常巨变大乱，镇静不慌，把军事布置得有条不紊，卒收功效，这都是素日修养的力啊！

宁王出兵，南昌仅留少许兵保守，带着六万士卒，诈称十万，浩浩荡荡，直往南京攻来。九江南康因兵少遂以次袭取，又以大兵直取安庆。阳明侦知南昌兵力单薄，而所约各郡勤王之兵，均已如期会于樟树镇，合约八万人，也诈称三十万。有人主张先救安庆之危，阳明不以为然，且云：救安庆最为失计，不如攻南昌，断其巢穴，必获胜利。大家都赞成他的主张。遂派伍文定为先锋，自率大兵直趋南昌，一鼓就克复了。军士太杂，颇有杀掠者，事后都被阳明一一正了军法。一面擒获逆党数十人，封府库，慰宗室，宥胁从，安士民。人民大为欢悦，咸庆重睹天日。一面又派伍文定、邢珣、徐琏、戴德儒等，各将精兵，分道并进，追攻宁王，又派胡尧元等暗设伏兵，安排停当，只候捷音了。

宁王做梦也不曾想着自己的根据地，会入到阳明的手中，忽得南昌失守之信，犹如青天一个霹雳，惊骇得半晌说不出话来。只好返师救援，遇阳明的军于黄家渡，战时伏兵尽出，宁王军大溃。乃退守八字脑，尽发南康、九江之兵，与阳明决死战，不料又大败。复退保樵舍联舟为阵，是夕风极大，被阳明用计火攻，遂遇擒。许多非正式的丞相、将军死的死，擒的擒，宁王所有的势力，完全土崩瓦解了。

宁王本是一个威权煊赫、势焰滔天的藩王，只因一念之差，想尝做皇帝的滋味，被阳明东出一计，西设一谋，不过一个多月，弄得大败特败，自己还要被擒，真是太不幸了。

一场浩最大的国难，非常的事变，被他肃清得干干净净，而平定这难事的，乃是一位著名的大哲学家，实是前此所未有的奇闻呀！

第二节　功成以后的谗谤

在宁王未败以前，武宗因听了许多佞臣的话，总疑心阳明不肯尽力，自己又想尝尝带兵的味道儿，于是自己封自己为"总督军务威武大将军总兵官后军都督府太师镇国公"，带领着京中数万士卒，出发讨逆。阳明以前的捷报，每至京，均被一般奸人匿不上闻，等到良乡时始得阳明"生擒宁王"的捷报，并有疏来谏宗回京。哪知武宗受了嬖臣之谗言佞语，预备把宁王仍放回南昌，候御驾亲征，战而擒之，以显天威。阳明闻知这个消息，不觉大惊失色，好容易擒着宁王，如何能随意又放虎回山，军事那可以视同儿戏。且人民疮痍未复，更何能再经战祸。乃夜见张永说不可放宁王又再战的道理，张永也很赞成阳明的话；可是他又知道武宗的脾气。凡在武宗正高兴做什么事的时候，最不喜臣子谏阻的，即或苦谏，也是不会从纳的。阳明亦知武宗受了嬖幸的谗言，已无挽回的希望，乃以宁王交付张永，献俘于上，自己就称病往西湖去了。

张忠是武宗最宠幸的一个太监，也就是第二个刘瑾。先前宁王未反的时候，已与忠通。此次宁王为阳明所执，张忠因而大憾。反在武宗面前，诬阳明曾与宁王私通，因畏上亲征，故卖宁王以成其功。这话太诬得无凭据，故武宗也不大深信。阳明在西湖时，忠每矫旨来召他。阳明知系矫旨，不赴，故又密谮阳明必反。武宗问他何以晓得验明呢？忠说："如试召，必不会来！"哪知一召竟至。忠用计阻阳明，拒之芜湖，不使见帝，借以实其言。阳明知是奸谋，遂入九华山坐草庵中修养，意态萧闲。武宗暗使人侦知其状，说道："王守仁是个学道的人，如何说他会反。"于是仍命巡抚江西，使还南昌。功成后的阳明，此时反因有功而日处在群小谗间之中，即设帐讲学，也都目他为邪说，攻击诬陷，无所不至。但阳明却毫未在意，仍然依照他自己的方针，朝前进行。

阳明到南昌，张忠已先奉旨早来。他与阳明原是有仇恨的，故意纵自己带来的京军，时常呼名谩骂阳明。而阳明不但不动气，反待京军更厚。京军见阳明如此宽仁，也齐心爱戴，不敢再犯了。就是长官有命令教他们再骂，他们也不肯从了。

有一天在教场里较射，张忠自恃有技，以为阳明决计是不会的，遂强逼着请阳明较射。在他的意思，如阳明射不中，便可借以辱羞泄憾。他何曾知道阳明比他箭技还高，能百发百中呢？阳明被他逼不过了，只好慢慢地张起弓来，一箭，二箭，三箭，一连一二三箭都中鹄的，京军也为之欢呼不已。张忠只有垂头丧气，不敢再起轻视之念了。

后来张忠带兵回京，与祝续、章纶一般人，百端谗毁阳明，幸亏张永从中代为辩解，独持正论，阳明始得保全。又暗使人教阳明更上捷奏，须云这次讨平逆乱，乃是奉了威武大将军的方略，与诸位嬖幸的指助，方能成就大功。阳明便如其言，把以前的捷奏，完全删改报上。他们一般明比为奸的金壬，再也不说什么；那位像小孩子一样脾气的皇帝，更是心满意足，不再苛求了。

武宗羁留南畿，为时已久，还是不想回京。阳明很想进谏，但明知武宗未必肯从，自己只好专心致志，教士卒作战之法。许多人都替阳明忧虑居的地位危险，因为一个昏暴的君主，与一般嫉功妒能的嬖人，怎能容得下这劳苦功高、正直无私的阳明呢？阳明于是做了一首《啾啾吟》，表明自己大无畏的精神，诗道：

知者不惑仁不忧，君何戚戚双眉愁？
信步行来皆坦道，凭天判下非人谋。
用之则行舍则休，此身浩荡浮虚舟。
丈夫落落掀天地，岂愿束缚如穷囚。
千金之珠弹鸟雀，掘土何须用镯镂。
君不见？
东家老翁防虎患，虎夜入室衔其头。
西家儿童不识虎，执竿驱虎如驱牛。
痴人惩噎遂废食，愚者畏溺先自投。
人生达命自洒落，忧谗避毁徒啾啾。

王阳明传

读了这首诗，我们可以想见他不畏谗毁的精神，真伟大极了。

阳明前在讨逆时，已得着祖母去世的噩耗，心中着实悲痛，因国难未平，故不敢告仕。现在乱事已平，于是接连上了几道疏，请归省葬，均未获准。武宗也念他此次有功，升他为南京兵部尚书参赞机务，他借此机会，又上疏乞归省葬，便邀准许了。

他因要归越，欲同门人一聚，共明此学，许多门人，都到白鹿洞听讲，他就聚精会神，把自己的学说，尽情发挥，讲毕，不久他便归越去了。

第十二章

晚年的生活

第一节　重返故乡

久在外面流离的游子，一旦重返故乡，真是人生最愉快、最难得的幸事，可是在阳明，只感觉得神伤心痛、黯然欲涕啊！

真不幸，一位鞠育辛苦的祖母，一旦就溘然长逝了。并且生不但未曾孝养，而死的时候，连面也未曾见，他怎能不哀恸伤感呢！

大难之后，父子重逢，自然是件快活的事，但是痛定思痛，当然免不了的还有一阵难过。

武宗已晏了驾，继位的为世宗，改元嘉靖，进封阳明为新建伯。旨到时，正值龙山公七十生诞之期，阳明奉觞上寿，龙山公勉他须力报国恩，并说："非常之宠，亦岂易受。"阳明伏地听受。可惜不久，这位好父亲就死了。

居父之丧，他的哀痛，自不必说。他又实行素食，百日之后，便令弟侄辈稍进干肉，说："他们豢养已久，强其不能，是无异教他们作伪，这是不可以的。"如若有高年远客来吊，素食中还间肉二器。湛若水来吊时，大不以阳明此举为然，便遗书致责。阳明也承认是罪，不欲多辩。他知若水性质，过于拘执，绝不会了解他的用意的。

父亲死了不久，接着他的夫人诸氏，也逝世了。父丧之后，继之以妻丧，他此时的心绪，已凄楚到了极点。他的晚年，直可说是最不幸的时代。虽然这不幸，乃是人生所必经的途径，但总不能不说是不幸啊！

他"不幸时代"的不幸，不仅如此，还有"不幸"又来了。

他因不得在朝宰辅之欢，以致他的学说，也受人剧烈的攻击，骂它是邪学，骂它是离经叛道。攻击他学说的人，一个是御史程启充，一个是给事毛玉，这两位的攻击的动机，是承与阳明不合的宰辅之意。换句话说，他们不是自动，乃是被动的。阳明的门人陆澄，便上疏为六辩以对驳，阳明闻知，连忙止着。教他不要争辩，是非均可付诸公论。他这种态度，是最对的；但无缘无故，被人下一攻击，幸亏不是遇着武宗，否则横被禁止，也是意中事呀。

有一次南京策士，主试的人，也是承忌者意，以"心学"为问，亦欲借以攻击阳明的。阳明的门人，这次与试的，却也有几个：徐珊见出的问题，是含有攻击其师之意，竟不答而出。欧阳德、王臣、魏良弼等则直发师旨，不稍隐讳，也在被取之列。钱德洪则下第而归，深恨时事之乖。阳明反喜道："圣学从此大明矣。"德洪说："时事如此，何见大明？"阳明就告诉他说："吾学恶得徧语天下士，今会试录，虽穷乡深谷，无不到矣。吾学既非，天下必有起而求真是者。"他的学说，接着受了两次攻击，他却毫不动气生恨，这均是他有涵养的地方。

在越，门人愈进多了，于是特辟稽山书院，作讲学之用。因学生太多，以致地方狭不能容，学生当中，连六十八岁的老人也有，阳明自己也不过只五十三岁哪。

在五十五岁时候，阳明却得了一件极可喜庆的事，就是他在晚年得了儿子了。他以前因膝下空虚，龙山公特择守信之子正宪立以为嗣，这次他的继室张夫人，却也生一子，取名为正亿，晚年得子，出诸望外，实可说是喜庆呀！

第二节　再平贼寇

阳明此次乞假返里，差不多居了五年，对政治生活厌烦了的他，原打算不预备再出山的，偏是天不从人愿，两广又发生了祸患，不容他过晚年清闲的生活，逼着他重复演奏"全武行的拿手戏"——平贼。他的拿手戏，固然是很多，但一般人都最赏识的，却是武戏。所以一遇贼起，便有人就要保奏他负平贼的责任。我们这位老哲学家，不得不为国事，又再效驰驱了。

这回所平的贼，究有几处呢？共有两处：一是思田的贼，一是八寨的贼，兹分述之：

（一）平思田贼。思恩岑浚与田州岑猛，均是该地的土官，因怨生恨，遂致互相残杀。都御史潘蕃，诛浚不立其子，改其地为流官以制之，把世袭的制度打破，改为轮流的制度。总督姚镆率兵讨猛，猛败而死，姚镆欲尽灭岑氏，也想仿潘蕃处置岑浚之法，改其地为流官。不料岑氏旧属苏受等，乘土司不满意姚潘之处置，遂挟众以叛，攻陷思恩。姚镆久征无功，贼焰日势。侍郎张璁、桂萼举荐阳明，于是仍以原官兼左都御史，但阳明之意，以为土官仇杀，究非寇贼攻刬郡县、荼毒生灵者可比，而且岑氏是世官，屡受征调，为国从征有功，不应骤灭，总以恩威为宜。遂以此意上了一疏，旨令更议，他于是不得不出兵了。苏受闻知阳明带了兵来，吓得不敢迎敌，便派人诉告愿降，乞贷一死。阳明许了他的请求，苏遂囚首自缚，自赴军门请命。乃数苏之罪，杖之而贳其死，亲入营抚其众七万，并立岑猛之子邦相为吏目署州事，以苏受等任巡检司，思恩之乱遂平。不用一兵一矢，而自能令人望风即降，足见老哲学家的声威服人了。

（二）平八寨贼。八寨断藤峡诸贼。多系猺人。约有数万之众。凶恶成性，不可改化，屡征不能平。而八寨的贼，尤为猛悍，素为恶地方，那处人民，均感苦痛。阳明带兵来时，人民遮道请剿讨之。阳明应允了他们的请求，便差副使翁素、参将张经，先以万人趋断藤峡，阳明乘贼未备的时候，就领三千多兵进剿。不到一月，诸贼尽平了。

这两处的贼，既被阳明剿灭肃清之后，终明世百年中，无有贼患（到崇祯时候，贼始起明就亡了），这种伟大的功劳，这种铲除贼根不使再萌的手段，真是值得我们的赞慕与钦佩！

八寨的贼虽平，而朝中的谗毁又起，因他原是受命征思田的，没有受命征八寨，这便是阳明有擅专之罪。幸方献夫及霍韬上疏，力辩阳明有功无罪，始得平安无事。

他在征平思田后，觉得教育比军事还要重要，而蛮夷新服，尤非有学校教化不可。于是兴思田学校，兴南宁学校，从此以后，果然"南人不复反矣"。

第三节　大哲学家最后的人生

阳明的致死之疾，就是肺病与痢疾，他这病在壮年时代，已就有了。若能让他多享受点山林泉石的生活，或者还不至于即会死。可是频年为国事奔驰，终日不得清闲，又远谪瘴疠之域，他如何能再支持下去。这是他长逝的最大原因啊！

他此次领兵来征思田贼寇的时候，就是带病从事的。贼平之后，他的病更加深了。他便上疏乞归养病，不料旨还未报，他就撒手人间而去了。

当他病还不十分沉重的时候，他还祀五世祖纲增城的庙，他又谒伏波庙。十五岁他曾梦谒此庙，并且还做了一首诗，却不料在五十七岁，将死之前，应验少年的梦了。有诗特志其不是偶然的事，诗道：

> 四十年前梦里诗，此行天定岂人为。
>
> 徂征敢倚风云阵，所过须同时雨师。
>
> 尚喜远人知向望，却惭无术救疮痍。
>
> 从来胜算归廊庙，耻说兵戈定四夷。

楼船金鼓宿乌蛮，鱼丽群舟夜上滩。

月绕旌旗千嶂静，风传铃柝九溪寒。

荒夷未必先声服，神武由来不杀难。

想见虞廷新气象，两阶千羽五云端。

此时门人钱德洪与王畿来了一封信，阳明在病中，也回了他一封，这是最后的绝笔信，大意是嘉勉德洪等并望他督教其子，末还说："纵不遂归田之愿，亦必得一还阳明洞，与诸友一面而别。"他自己还没有料到他自己想一还阳明洞，是不能再得了。他更没有料到死神已近临其身了。

他的病已愈剧了，已再不能候旨了。遂自班师，由梅岭到安南时，门人周积来见，看着阳明病势不轻，急迎医诊治。到了第二天，阳明已知生命宣告绝望，便叫周积来说："我要去了。"积泣下，问师有否遗言。他微哂着说："此心光明，亦复何言。"说完，就瞑目而逝了！

他死之后，门人多来奔师之丧，舆榇登舟，人民思及他的遗德，也都为哀痛不止。到南昌，因逆风舟不能行，后风顺便护榇返籍，想生还阳明洞的阳明，却只有灵柩还里了。

他死之后，桂萼诬陷他，说他是擅离职守。乃下诏停世袭，恤典也不行。给事周延先疏争，反被黜为判官；詹事黄绾上疏，力斥桂萼之奸，而皇帝也不听。到后隆庆时，廷臣多颂其功，才诏赠新建侯，谥文成，并许从祀文庙。一位为国事驰驱而死的阳明，几乎得不着君主的一点报酬，而反有罪，这是何等不平的事呀！

但他死后，当时虽然没得着君主什么报酬，可是各地方的百姓，争立祠祭祀，风起云涌，这比君主的报酬，却有一万分的伟大。他虽不得昏主庸臣之欢，而能得人民真诚的爱戴，那就是他的人格、功业、道德、学说最有光荣的大成功了。

参考书目

阳明著述表

1.《五经臆说》四十六卷

2.《大学古本旁释》一卷（《明史·艺文志》作《古本大学注》一卷）

3.《大学问》一卷

4.《孝经大义》一卷

5.《朱子晚年定论》一卷

6.《乡约法》一卷（见全集，陈龙正录出别行）

7.《保甲法》一卷（见全集，陈龙正录出别行）

8.《拔本塞源论》（见全集，陈龙正录出别行）

9.《立志说》(《千顷堂书目》入司马泰三续《百川学海》卷一）

10.《良知同然录》二卷

11.《阳明则言》二卷

12.《传习录》四卷

13.《传习略录》一卷（无编辑人姓氏，曹溶收入《学海类编》）

14.《传习录节要》一卷

15.《阳明传习录选》

16.《阳明传信录》三卷（刘宗周辑）

17.《阳明传习录论述参》一卷（王应昌辑，子锁续成）

18.《抚夷节略》二卷

19.《武编》四卷（闻人诠辑）

20.《武录》二卷

21.《居夷集》三卷

22.《寓广遗藁》二卷（胡宗宪重刊）

23.《备边八策》

24.《王文成公全书》三十八卷（王门弟子辑集，谢廷杰复刻）

25.《王文成公全书》三十卷（无编辑人姓氏）

26.《阳明文录》二十四卷（钱德洪刻）

27.《阳明文录）二十卷、《别集》八卷、《续录》八卷（无编辑人姓氏）

28.《文录》六卷（无编辑人姓氏）

29.《阳明文选》八卷（王畿辑）

30.《阳明要书》八卷、《逸事辨证》二卷（陈龙正辑）

31.《阳明要书》八卷、《附录》五卷（叶绍颙编）

32.《阳明文粹》十一卷（宋仪望辑）

33.《王门宗旨》十四卷（周汝登辑）

34.《王门集要》三编（施邦曜编辑）

35.《王阳明集》十六卷（五世孙贻乐重编）

36.《阳明文钞》二十卷（张文达编）

37.《阳明全集》二十卷、《传习录》一卷、《语录》一卷（俞嶙编）（以上为阳明所著）

38.《平濠记》（钱德洪撰）

39.《阳明先生年谱》三卷（钱德洪撰）

40.《阳明先生浮海传》（陆相撰）

41.《东阁私钞》（黄文焕撰）

42.《王文成用兵心法》一卷（华复元著）

43.《姚江学统》（楼镇著）

44.《王刘异同》五卷（黄百家著）

45.《王文成公传本》二卷（毛奇龄著）

46.《折客辨学文》一卷（毛奇龄著）

47.《姚江书院志略》二卷、《阳明弟子传》《王门弟子传》（邵廷采著）

48.《王阳明书疏证》四卷、《经说弟子记》四卷（胡泉撰）

（以上为后人传述）

参考书

1.《王阳明先生全集》

2.《明儒学案》（明·黄梨洲著）

3.《宋元学案》（明·黄梨洲著）

4.《王文成公列传》（清·尤侗著）

5.《王文成公传本》（清·毛奇龄著）

6.《折客辨学文》（清·毛奇龄著）

7.《阳明先生传纂》（余重耀著）

8.《王阳明》（胡越著）

9.《王守仁》（周予同著）

10.《阳明学派》（谢蒙著）

11.《梁启超学术演讲录》（梁启超著）

12.《戴东原的哲学》（胡适著）

附录一

王阳明年谱

（一）

○ 成化八年（1472 年）

夏历九月三十日亥时，生于浙江绍兴府余姚县龙泉山附近瑞云楼。

祖父竹轩翁取名"云"。

○ 成化十年（1474 年）3 岁

没有咿呀学语，父母很着急，竹轩翁坚信"贵人语迟"。

○ 成化十二年（1476 年）5 岁

仍未开口说话。有神僧过而说："好个孩儿，可惜道破。"竹轩翁为先生更名"守仁"，即能说话，且能背诵竹轩翁所读之书。

○ 成化十四年（1478 年）7 岁

沉迷于象棋。母亲反对，在一次震怒后把象棋扔进河中，先生写《哭象棋》诗。

○ 成化十七年（1481 年）10 岁

父龙山公王华中状元，入京师。

○ 成化十八年（1482 年）11 岁

竹轩翁因龙山公迎养，携阳明入京师。途经金山寺，先生赋诗《过金山寺》和《蔽月山房》。

○ 成化十九年（1483 年）12 岁

请教老师：何为人生第一等事？师说：读书登第，汝父也。先生说：

恐未是，当读书做圣贤耳。

○ 成化二十年（1484 年）13 岁

生母郑氏去世，为母守孝三年。

○ 成化二十二年（1486 年）15 岁

出居庸关，逐胡儿骑射，凭吊古战场，缅怀先辈于谦，慨然有经略四方之志。经月始返，夜梦拜谒伏波将军马援庙。

○ 成化二十三年（1487 年）16 岁

感慨时事，屡次欲上书皇帝，被父龙山公止之。

○ 弘治元年（1488 年）17 岁

七月，与诸氏完婚于江西洪都。诸氏名"芸"，浙江余姚人，父诸养和时任江西布政使参议。新婚日，偶入铁柱宫，与道士相对而坐忘归。新婚期间，潜心书法，书艺大进。

○ 弘治二年（1489 年）18 岁

寓江西。十二月，携夫人归余姚，乘船路经广信（今江西上饶），识理学大儒娄谅（号一斋），信"圣人必可学而至"。一改活泼性格，严肃求成圣人。

○ 弘治三年（1490 年）19 岁

受娄一斋所授"格物致知"之学，遍读朱熹著作，思宋儒"物有表里精粗，一草一木皆具至理"，格竹七日，无果，患咳嗽病。

是年，竹轩翁在京仙逝，王华扶竹轩翁灵柩归余姚，丁忧三年。龙山公嘱咐弟王冕等人为守仁讲经析义，学业大有长进。

○ **弘治四年（1491 年）20 岁**

王家搬迁至山阴，余姚老宅由钱氏居住。

○ **弘治五年（1492 年）21 岁**

杭州秋闱，中举浙江乡试。父王华丁忧期满，回京复命。

○ **弘治六年（1493 年）22 岁**

京师春闱，会试不第，作《来科状元赋》。归余姚，结诗社于龙泉山寺，对弈联诗。

○ **弘治七年（1494 年）23 岁**

龙泉诗社，吐故纳新，吸收了很多当地知识分子。

○ **弘治九年（1496 年）25 岁**

春闱，会试再不第。先生曰：汝以不得第为耻，吾以不得第动心为耻。

○ **弘治十年（1497 年）26 岁**

寓京师，时边关甚急。苦学诸家兵法，以果核列阵为戏，想借雄成圣，但被人讥笑为赵括"纸上谈兵"，且无施展舞台。

○ **弘治十一年（1498 年）27 岁**

接受现实，立下探究理学之志，苦读朱熹《四书集注》，循序致精，居敬持志，然物理吾心终若判而为二。偶闻道士谈养生，产生遗世入山的念头。

○ 弘治十二年（1499 年）28 岁

春闱会试第二名，殿试赐进士出身，二甲第七，观政工部。结交李梦阳等前七子。

秋，钦差督造威宁伯王越墓，竣工，出威宁伯宝剑赠先生，与梦相符，欣然接受。

○ 弘治十三年（1500 年）29 岁

授刑部云南清吏司主事，上书《陈言边务疏》。

○ 弘治十四年（1501 年）30 岁

奉命到直隶、淮安审决积案重囚，平反多件冤案。游九华山，出入佛寺道观，做《九华山赋》。

○ 弘治十五年（1502 年）31 岁

五月复命。

八月告病归越城，筑室会稽山阳明洞天，静坐行导引术，能先知，后因其簸弄精神，不能成圣，摒去。自号"阳明子"，人称"阳明先生"。是年，先生渐悟二氏之非。

○ 弘治十六年（1503 年）32 岁

来杭州西湖疗养，劝归虎跑寺已闭关三年的得道高僧回乡孝母。

○ 弘治十七年（1504 年）33 岁

秋季，主考山东乡试，撰写《山东乡试录》，拜谒孔庙，登泰山。九月改兵部武选清吏司主事。

○ 弘治十八年（1505 年）34 岁

开门授徒。与湛若水定交，共倡圣学。后，湛若水为阳明撰写墓志铭。

○ 正德元年（1506 年）35 岁

徐爱拜师，未收。

刘瑾擅权，二月，先生为南京言官戴铣上疏，下诏狱，廷杖四十，贬谪贵州修文龙场驿驿丞。父王华明升暗降调任南京吏部尚书。家庭变故致夫人流产，后终身未再孕。

○ 正德二年（1507 年）36 岁

南下赴谪，刘瑾派刺客追杀，至钱塘江，假言投江脱之，过武夷山，去南京看望时任南京吏部尚书的父亲。

十二月回越城，正式收徐爱为首席大弟子。

○ 正德三年（1508 年）37 岁

春，至贵州修文县龙场，途中收多名弟子，包括冀元亨。大悟"圣人之道，吾性自足，向之求理于事物者误也"，史称"龙场悟道"。作《瘗旅文》和《象祠记》。

○ 正德四年（1509 年）38 岁

受提学副使席书聘请到贵阳主讲文明书院，始揭"知行合一"之旨。

○ 正德五年（1510 年）39 岁

刘瑾伏诛，三月，任江西庐陵知县，路过辰州、常州时教人静坐功夫。

十一月入京，住大兴隆寺，和若水、黄绾订终日共学。

十二月升南京刑部四川清吏司主事。

○ **正德六年（1511 年）40 岁**

正月调吏部验封清吏司主事。

二月为会试同考官。

十月升文选清吏司员外郎。

○ **正德七年（1512 年）41 岁**

三月升考功清吏司郎中，穆孔晖、黄绾、徐爱等几十人同受业，讲学内容由徐爱记录整理，名《传习录》。

十二月升南京太仆寺少卿，赴任南京便道归省，徐爱升南京工部员外郎，与先生同舟回越城。

○ **正德八年（1513 年）42 岁**

二月回越城。十月至滁州，督马政。地僻官闲，日与门人游琅铘山水间。新旧学生大集滁州，教人静坐入道。

○ **正德九年（1514 年）43 岁**

四月，升南京鸿胪寺卿，五月至南京，在南京教人"存天理、去私欲"。

○ **正德十年（1515 年）44 岁**

上疏请归，不允。八月写《谏迎佛疏》，用儒家思想的博大精深衬托出了佛家思想的各种不足，未上。立正宪为嗣子，时年八岁。

○ 正德十一年（1516年）45岁

九月，经兵部尚书王琼特荐，升都察院左佥都御史，巡抚南赣汀漳等处。

十月，回越城看望祖母和父亲，祖母岑氏九十七高龄。

○ 正德十二年（1517年）46岁

正月至赣，二月先平漳寇，四月班师驻军上杭，五月奏设福建平和县，六月上疏请疏通盐法，九月改授提督南赣汀漳等处军务，得旗牌，可便宜行事。十月平横水、桶冈等地，行十家牌法。十二月班师，闰十二月奏设江西崇义县。

○ 正德十三年（1518年）47岁

正月，征三浰，三月上疏乞致仕，不允，平大帽山、浰头，四月班师，立社学教化沿途当地百姓。五月奏设广东和平县。六月，升都察院右副都御史，世袭百户，辞免，不允。七月，刻古本《大学》《朱子晚年定论》。八月，门人薛侃在赣州刻《传习录》。九月，修濂溪书院，四方学者云集于此。徐爱卒，先生为之恸哭。十一月，再请疏通盐法。

○ 正德十四年（1519年）48岁

六月，奉命勘处福建叛军，至丰城，闻宁王朱宸濠反，遂返吉安，起义兵，平宁王之乱。八月，武宗南下，与前来抢功悦君的宦官张忠、许泰群小周旋。祖母岑氏仙逝，乞便道省葬，不允。

○ **正德十五年（1520年）49岁**

王艮投门下，艮后创泰州学派。

○ **正德十六年（1521年）50岁**

正月，居南昌，始揭"致良知"之教。三月，正德崩。世宗嘉靖上台，冀元亨先前被群小折磨，出狱几日卒。五月，集门人于白鹿洞。六月升南京兵部尚书。八月回越城，九月归余姚省祖茔，访瑞云楼，钱德洪等拜入门下。十二月，归越城为父王华祝寿，封"新建伯"，特进光禄大夫柱国，兼两京兵部尚书。

○ **嘉靖元年（1522年）51岁**

正月，疏辞封爵，二月，父王华仙逝，享年七十七，丁忧。首辅杨廷和旨意倡议禁遏王学。

○ **嘉靖二年（1523年）52岁**

来从学者日众。南京刑部主事桂萼大礼议得宠。九月，改葬龙山公于天柱峰，郑太夫人于徐山。

○ **嘉靖三年（1524年）53岁**

正月，门人日进，南大吉拜入门下。四月，服阕，朝中屡有荐者，有人以大礼见问，不答。八月中秋，宴门人于天泉桥，盛况空前。十月，南大吉续刻《传习录》，增五卷。

○ **嘉靖四年（1525年）54岁**

正月夫人诸芸卒，四月祔葬于徐山。应门人绍兴知府南大吉邀请为稽山书院撰写《尊经阁记》。六月，礼部尚书席书力荐先生入阁，未果。九月，归余姚省祖茔，会门人于龙泉山中天阁，决定每月四次在中天阁授课。十月，建阳明书院于越城。

○ **嘉靖五年（1526 年）55 岁**

在绍兴系统讲授心学理论。十一月，继室张氏生子正聪。十二月为"惜阴会"作《惜阴说》。

○ **嘉靖六年（1527 年）56 岁**

五月命兼都察院左都御史。九月，出征广西思恩、田州。出发前夜，天泉桥上证道，与钱德洪、王畿立善恶四句教法，谓"天泉证道"。十二月，抵达广西梧州，开府议事。十二月命兼任两广巡抚。

○ **嘉靖七年（1528 年）57 岁**

二月平定思田之乱，然后兴学校，抚新民。七月破八寨、断藤峡之乱。九月，冯恩奉钦赐至广州，赏思田之功。十月，病重，上疏请告，被桂萼压住。期间，拜谒伏波庙，祀增城先祖庙。

十一月，启程返家，二十九日辰时（1529 年 1 月 9 日）许，病逝于江西南安府大庾县青龙铺码头舟上，年 57 岁，门人周积等人陪伴，留下"此心光明，亦复何言"临终遗言。

○ **嘉靖九年（1530 年）**

十一月魂归浙江绍兴洪溪（今兰亭），苍天为之哭泣。洪溪离越城三十里，为先生亲自选择。

○ **隆庆元年（1567 年）**

五月，下诏赠先生为新建侯，谥文成，永为一代之宗臣，实耀千年之史册。

○ **万历十二年（1584 年）**

从祀于孔庙，奉祀孔庙东庑第五十八位。

（二）

1472 年

成化八年壬辰九月三十日丁亥，先生生。

先生在娠十四月。生之夕，祖母岑梦神人绯玉，自云中鼓吹送儿来，惊寤，已闻啼声。竹轩翁因名先生"云"。而乡人遂指所生楼曰"瑞云楼"。

1476 年

十二年丙申，先生五岁。

犹不言。有神僧过而目之曰："好个孩儿，可惜名字道破。"竹轩翁更以今名，曰"守仁"，即能言。尝暗自诵翁所读书，翁讶问之，曰："向闻祖读时，已默记矣。"

1481 年

十七年辛丑，先生十岁。

龙山公举进士。

1482 年

十八年壬寅，先生十一岁。

竹轩翁因龙山公迎养，携先生如京师，过登金山，与客赋诗，未就。先生从旁占一绝。客大惊，复命赋蔽月山。先生又随口占一绝（诗在集中）。

明年，就塾师于邸中。一日，与同学生走长安街，遇相者，曰："吾为尔相。尔须拂领，入圣境。须至上丹台，结圣胎。须至下丹台，圣果圆。"先生感其言，归问师曰："何为第一等事？"师曰："读书登第。"先生曰："恐未是，当读书做圣人耳。"

1484 年

二十年甲辰，先生十三岁。

太夫人郑氏卒。

1486 年

二十二年丙午，先生十五岁。

时石英、王勇乱畿内，石和尚、刘千金乱秦中。先生间行出居庸关，逐胡儿骑射，遍询夷落所以备御之策，经月始返。夜梦谒汉马将军援庙，赋诗一律（诗在集中）。先生感慨时事，屡欲上书于朝，龙山公格而止之。

1488 年

弘治元年戊申，先生十七岁。

七月，自京师亲迎夫人诸氏于洪都。时诸公养和为江西参议，先生就委禽焉。合卺日偶行入铁柱宫，见道士跏趺，即而叩之，相与对坐忘归，诸公遣人遍索不得。明日，先生始还。署中有纸数箧，先生日学书皆尽，书法大进。先生尝曰："吾始模古帖，止得字形。后凝神静虑，拟形于心，久之，始通其法。及读明道书曰：'吾作字甚敬，非要字好，只此是学。'既非要字好，又何学也？乃知古人随时随事只在心上学，此心精明，字好亦在其中矣。"后与学者论格物，多举此为证。

1489 年

二年己酉，先生十八岁。十二月，以夫人诸氏归余姚，舟过广信谒娄一斋谅，语格物之学。先生甚喜，以谓圣人必可学而至也。后遍读考亭遗书，思诸儒谓众物有表里精粗，一草一木皆具至理。因见竹，取而格之，沉思不得，遂被疾。

1492 年

五年壬子，先生二十一岁。

秋，举于乡。时闱中夜半见有二巨人者衣绯绿，东西立，大言曰："三人好作事。"已而，先生与孙中丞燧、胡尚书世宁同举。及宸濠之变，胡发其奸，孙死其难，先生平之。

1493 年

六年癸丑，先生二十二岁。

春试，南宫落第。宰相李西涯素器先生，戏曰："待汝作来科状元，试为《来科状元赋》。"先生拈笔而就。有忌者曰："此子取上第，目中无我辈矣。"及丙辰春试，竟为忌者所抑。同舍有以不第为耻者，先生笑曰："汝以不得第为耻，吾以不得第动心为耻。"

1497 年

十年丁巳，先生二十六岁。

寓京师。时边烽甚急，诏举将才，无以应。先生因精究兵法，每遇宾饮，聚果核，列阵势为戏。

1498 年

十一年戊午，先生二十七岁。

读考亭《上光宗疏》，有曰："居敬持志为读书之本，循序致精为读书之法。"乃悔前日用力虽勤而无所得者，欲速故也。因循序以求之。然物理吾心，终判为二，沉郁既久，旧疾复作。闻道士谈养生之说而悦焉。

1499 年

十二年己未，先生二十八岁。

春，举南宫第二人，赐二甲进士第七人，观政工部。

先生为诸生时，尝梦威宁伯王越遗以弓剑。是秋，奉命督造威宁坟，驭役夫以什伍法，休食以时，暇则驱演"八阵图"。事竣，威宁家谢以金帛，不受。出威宁凤所佩剑以赠，受之，梦故也。时星变，下诏求言，又鞑虏猖獗，先生疏论《边务八事》。

1500 年

十三年庚申，先生二十九岁。

授刑部云南司主事。

1501 年

十四年辛酉，先生三十岁。

奉命谳狱江北。暇日游九华山，见道者蔡蓬头，问以仙术。蔡曰："尚未。"有顷，先生屏左右，再拜请问。蔡曰："尚未。"问至三。蔡曰："汝礼虽隆，终不忘官相。"大笑而别。

地藏洞有异人，坐卧松毛，不火食，先生历岩险访之。值其睡，先生默坐，良久方醒。问以第一义谛，不答。徐曰："周濂溪、程明道，你儒家两个好秀才也。"语毕复睡。先生归。明日再往，不复见矣。

1502 年

十五年壬戌，先生三十一岁。

八月，予告归越。筑室阳明洞，行道引术。友人王思舆等来访，先生命仆迎之，且历语其来迹，似先知者。众惊异，以为得道。久之，先生悟曰："此簸弄精魄，非道也。"遂屏去其术。欲离家远遁，念祖母岑与龙山公在。一日悟曰："此念生于孩提，此念亡，是断灭种姓矣。"乃移居西湖，往来南屏、虎跑间。有僧禅坐三年，不语不视，先生喝曰："这和尚，终日口巴巴说什么？终日眼睁睁看什么？"僧惊起。先生问其家，对曰："有母在。"曰："起念否？"对曰："不能不起念。"先生即指爱亲本性喻之，僧涕泣拜谢，挈钵而归。

1504 年

十七年甲子，先生三十三岁。

秋，主考山东乡试，试录皆先生笔也。

九月，改兵部武选司主事。

1505 年

十八年乙丑，先生三十四岁。

是年，识湛甘泉若水，与盟，讲明圣学，门人始进。

1509 年

四年己巳，先生三十八岁。

贵州提学副使席书聘先生主贵阳书院，身督诸生师先生。

是年，先生始论"知行合一"，其说具《语录》中。

1510 年

五年庚午，先生三十九岁。

由龙场驿丞升庐陵县知县。为政七月，不事威刑，选三老里正，谕民为善，多感化者。

冬十一月入觐，馆于兴隆寺。时黄宗贤绾始见先生论学，先生喜，令与湛甘泉俱。

十二月，升南京刑部四川司主事。

1511 年

六年辛未，先生四十岁。

正月，调吏部验封司主事。始论晦庵、象山之学。有《答徐成之书》。时方献夫为郎，位在先生上，敬执贽先生。

二月，为会试同考试官。十月，升文选司员外郎。

1512 年

七年壬申，先生四十一岁。

二月，升考功司郎中。

十二月，升南京太仆寺少卿，便道归省。

是年，徐爱以祁州守迁南工部郎，与先生同舟归越，论《大学》宗旨，详《语录》。

1513 年

八年癸酉，先生四十二岁。

冬十月，至滁州，日与门人遨游琅琊、瀼（xiāng）泉间。月夕，环龙潭而坐者数百人，歌声振山谷，旧学之士日益至。

1514 年

九年甲戌，先生四十三岁。

四月，升南京鸿胪寺卿。

是年，始专以"致良知"训学者。

1515 年

十年乙亥，先生四十四岁。

立从弟守信子正宪为后。时先生与诸弟守俭、守文、守章，皆未举子故也。

八月，拟《谏迎佛疏》。近侍言西域有僧，能知三生事，胡人谓之活佛。遣宦者刘允乘传往迎。以珠琲（bèi）为幡幢，黄金为供赐，赍巨万，敕允往返以十年期，得便宜行事。请盐七万引，为行李费。辅臣杨廷和执奏，不听。先生拟书欲上，后止。

1516 年

十一年丙子，先生四十五岁。

九月，升都察院左佥都御史，巡抚南、赣、汀、漳等处，以兵部尚书王琼举也。王思舆语季本曰："阳明此行，必立事功，吾触之不动矣。"

1517 年

十二年丁丑，先生四十六岁。

正月，至赣州。先经万安，有贼数百，沿途劫掠，商舟不敢进。先生令联商舰结为阵势，扬旗鸣鼓，若趋战者。贼惧，罗拜呼曰："饥荒流民，乞求赈济。"先生令人谕之曰："至赣后，即差官抚插，各安生理，毋作非为，自取戮灭。"贼皆散归。

先生入赣日，即选募民兵，行十家牌法。先是，赣人之在官府者，皆洞贼耳目，官府举动，贼必先闻。军门一老隶，作奸尤甚。先生知之，呼入密室，使自择生死。隶吐实，先生许以不死，试其言悉验。

先生以是尽得贼情矣。

二月，平漳寇。

四月，班师。

五月，立兵符，奏设平和县治于河头，移小溪巡简司于枋头。

六月，请疏通盐法。

九月，改提督南、赣、汀、漳等处军务，钦给旗牌，得便宜行事。先是，先生《申明赏罚疏》，以旗牌便宜为请。有笑其迂者。独王公琼曰："朝廷此等权柄，不与此等人，又将与谁?"复疏，得旨，悉从之。江西镇守太监毕真谋于近倖，请监其军。琼奏以为兵法最忌遥制，若使南、赣用兵必待谋于省城，镇守败矣。惟省城有警，则听南、赣策应可也。真谋乃寝。以平漳寇功，升俸一级，赏银二十两，文绮四端。

十月，平横水、桶冈诸寇，贼首谢志珊就擒。先生问之曰："汝何得党类之众若此?"志珊曰："亦不容易。平生见世上好汉，断不放过，必多方钩致之。或赴其难，或周其急，或逞其酒色嗜好，待其怀德，与之谋，无不应矣。"先生顾谓门人曰："吾侪求友之切，亦当如是。"

十二月，班师。奏设崇义县治于横水，增茶寮隘，上堡、铅厂、长龙三巡简司。

1518 年

十三年戊寅，先生四十七岁。

三月，平大帽、浰头诸寇。

四月，班师。举酒以酬诸门人曰："感诸君助我，以此相报。"门人各瞿然问故。先生曰："始吾登堂，赏罚军事，尝恐误，有愧诸君，不敢不慎。及退对诸君，尚觉前之赏罚有未慊也。直至登堂行事，与诸君相对时，此心恰恰如一始安。此固诸君之所以助我矣。"

五月，奏设和平县治于和平峒，改和平巡简司于涮头。

六月，以平横水、桶冈功，升右副都御史，荫一子锦衣卫世袭百户。

七月，刻古本《大学》、刻《朱子晚年定论》。

十一月，再请疏通盐法。

1519 年

十四年己卯，先生四十八岁。

正月，以平三涮功，荫一子锦衣卫世袭副千户。

六月，奉敕勘处福建叛军。初九日，发赣州。十五日，至丰城，闻宁王宸濠反，趋还吉安，起义师。濠遣兵追先生，先生以计得脱。十九，至吉安，上疏告变。虑贼党顺流窥建业，犯京师，两都仓卒无备，思以计诒濠，使迟留旬月不出，乃万全。于是伪为两广军门机密火牌，伪为迎接京边官军公文，伪为李士实、刘养正内应书，伪为闵念四、凌十一投降状，令雷济、龙光先后设法，故闻于濠。濠乃疑惧犹豫，其详具《反间遗事》中。二十一日，再上疏告变，以叛党方炽，恐前疏不得达也。同日，又疏乞省葬。

七月初五日，疏上宸濠谤讪檄榜。十三日，率伍文定等义师发吉安。十五日，大会于樟树，遣奉新县知县刘守绪，袭破濠伏兵于新旧坟厂。十九日，发市汊。二十日，拔南昌。二十四日，与贼战于鄱阳湖之黄家渡。二十五日，战于八字脑。

二十六日，获濠于樵舍，江西平，而朝廷不知也。

当是时，始以南京都御史李克嗣飞章告急，集廷臣会议。廷臣犹观望，不敢斥言濠反，独兵部尚书王琼曰："竖子素行不义，今仓卒举乱，不足虑。王守仁据上游蹑之，成擒必矣。"但故事不得不命将，乃疏请下诏，削濠属籍，正贼名，请命将出师，趋南都，命南和伯方寿祥防江，都御史俞谏率兵翊南都，王守仁率南、赣兵由临、吉，都御史秦金率湖兵由荆、瑞会南昌，李克嗣镇镇江，许廷光镇浙江，丛兰镇仪真，遏贼冲。传檄江西诸路，但能倡义旅，擒反者封侯。时群小导上亲征，有旨："不必命将，朕当亲率六师，奉天征讨。"假威武大将军、镇国公行事。命太监张永、张忠，安边伯许泰，都督刘晖率京边官军万余以从。给事中祝续、御史张纶随军纪功。

八月十六日，上疏谏止亲征，是日再乞省葬。

九月十一日，发南昌，献俘入京师。时忠、泰等讪上使人以威武大将军牌，取逆濠放还湖中，俟上亲与之战，而后获之以为功。及先生行至广信，忠、泰又使人邀还江西。先生不听，乘夜过玉山草坪驿。适张永候于杭，先生见永，谓曰："江西之民，久遭濠毒，既经大乱，继以旱灾，又加以京边官军供应，困苦不支，必逃聚山谷为乱。昔助濠，尚胁从耳，今为穷迫所激，奸党群起，天下将成土崩之势。公素委心朝廷，得无念耶？"永曰："然！吾之此出，为群小在侧，欲调护左右，以默辅圣躬，非为掩功来也。但皇上天性，顺其意犹可挽回万一，若逆之，徒激群小之怒，无救于天下之大计矣。"先生信其无他，以濠付之，而称病居西湖净慈寺。

十一月返南昌，以奉敕巡抚江西也。时忠、泰等在江西百计搜罗，续、纶又望风附会，肆为飞语。先生既还，北军肆坐慢骂，或故冲导起衅。先生一不为动，愈待以礼，密令居人移家于乡，而以老羸应门。将犒赏北军，忠、泰预禁其人，令勿受。先生传示内外，谕北军离家苦楚，居民当敦主客之礼。每出，遇北军丧，必停车唁慰，厚与之椟，嗟叹乃去。久之，北军咸感。会冬至节，先生令城市设酒脯以奠死于乱者，哭声昼夜不绝。北军闻之，无不思家泣下。忠、泰欲与先生较射，意先生不能，有以屈之。先生勉应，三发三中，北军在傍哄然，举手啧啧。忠、泰大惧，曰："我军皆附王都耶。"乃班师，还南都。

是年十二月二十六日，上至南都。

1520 年

十五年庚辰，先生四十九岁。

上在南都。忠、泰既憾先生，每矫旨召先生，而先生不赴。乃密谮于上云："王守仁必反。"上问："以何为验？"对曰："试召之，必不来！"

正月有诏召先生，张永使幕士钱秉忠密以报。先生闻命趋至，忠、泰复拒之于芜湖。先生入九华山，宴坐草庵中。上阴遣人觇之，曰："王守仁学道人也，安得反？"命还江西。过开先寺，刻石于读书台曰："正德己卯六月十四乙亥，宁藩濠以南昌叛，称兵向阙，破南康、九江，攻安庆，远近震动。七月十三辛亥，臣守仁以别郡之兵复南昌，宸濠擒，余党悉定。当此时，天子闻变赫怒，亲统六师临讨，遂俘宸濠以归。于赫皇威，神武不杀。如霆之震，靡击而折。神器有归，孰敢窥窃？天鉴于宸濠，式昭皇灵，嘉靖我邦国。"盖世宗龙飞之兆征于此矣，岂先生能前知乎？

二月，观兵如九江。

三月，又疏乞省葬。

五月，江西大水，疏自劾。

六月，如赣。大阅士卒，教战法。江彬遣人来觇，人皆为先生惧。先生作《啾啾吟》解之曰："东家老翁防虎患，虎夜入室衔其头。西家儿童不识虎，执杆驱虎如驱牛。"门人陈九川等复以为忧。先生曰："吾昔在省城，处权竖枪锋剑芒间，吾心帖然。今公等何多虑也？"有言万安多武士，命参随往录之。谕曰："但多臂力，不问武艺。"得三百人。龙光问："宸濠既平，录此何为？"先生笑曰："交趾有内难，出其不意捣之，亦一机会也。"盖是时上在南都，宸濠尚未伏法，而彬谋叵测，故有牛首夜惊之事，只畏先生，不敢动耳。先生之所以观兵九江，校士赣州，录万安武力者，其意旨皆以此，固难为众人道矣。

七月，重上《江西捷音疏》。时群党欲自献俘袭功。张永曰："不可，昔我等未出京时，宸濠已擒，王都堂献俘北上，过玉山，渡钱塘，经人耳目，不可假也。"于是以大将军钧帖，令先生重上捷音。先生乃节略前奏，入诸人名于疏内，再上之。

八月，咨部院雪理冀元亨冤状。

闰八月初八日，上在南京受俘。十二日，上自南京旋跸。霍韬曰："是役也，罪人已执，犹动众出师。地方已宁，乃杀民奏捷，误先朝于过举，摇国是于将危。盖忠、泰之攘功贼义，厥罪滔天，而续、纶之诡随败类，其党恶不才，亦甚矣。"

九月，自赣州还南昌。时泰州王银服古冠服，执木简，以二诗来见先生。先生异其人，降阶，延之上坐。问："何冠？"曰："有虞氏冠。"问："何服？"曰："老莱子服"。问："学老莱子乎？"曰："然。"曰："将止学服其服，抑学其上堂诈跌也？"银心动，坐渐侧，及论格物致知之旨，言下豁然。明日，易服执弟子礼。

十二月初三日，上在通州赐宸濠死。初八日，上还京。

1521 年

十六年辛巳，先生五十岁。

三月十四日，上崩于豹房。

四月，世宗登极。

八月，召先生驰驿来京。二十日，发南昌，辅臣沮之，升南京兵部尚书，参赞机务。先生行至钱塘，上疏，仍乞便道省葬归越。

十二月，制封新建伯，诏至日，适龙山公诞辰，先生捧觞为寿。公蹵然曰:"向宁濠之变,皆以汝为死矣,而不死。皆以事难平矣,而卒平。谗构朋兴,祸机四发,前后二年,岌乎几不免矣。天开日月,显忠遂良,父子滥冒封赏,穹官高爵,复相见于一室,岂非幸欤?然盛者衰之始,福者祸之基,虽可幸,亦可惧也。"先生洗爵而跪曰:"大人之教,儿所日夜切心者也。"

1522 年

嘉靖元年壬午,先生五十一岁。

正月初十日,疏辞封爵,不允。

二月,龙山公卒,先生哭踊几绝,戒家人斋食百日。未几,又令弟侄辈稍进干肉,曰:"诸子豢养习久,强其不能,是恣其作伪也。不如稍宽之,使各求自尽可矣。"先生久哭暂辍,有吊客至,侍者云宜哭。先生曰:"哭发于心,若以客至而始哭,则以客退而不哭矣。世人饰情行诈已久,故于父母亦然。"

七月,再疏辞封爵,不报。时御史程启充、给事中毛王承宰相意,倡为异说劾先生,门人刑部主事陆澄上疏,为六辩以折之,先生闻而止之。

九月,葬龙山公于石泉山。

1523 年

二年癸未,先生五十二岁。

二月,南宫策士以心学为问,阴辟先生。门人徐珊不答而出。门人钱德洪下第归,见先生,先生喜而接之,曰:"圣学从兹大明矣。"德洪曰:"时事如此,此学何由得明?"先生曰:"吾学恶得遍语天下，今会试录出，虽穷乡深谷，无不见矣。吾学既非，天下必有起而求真是者。"九月，改葬龙山公于天柱峰，郑太夫人于徐山。因石泉有水患也。

十一月，与张元冲论二氏之学。元冲曰："二氏作用，亦有功于吾儒者，不知亦当兼取否？"先生曰："说兼取便不是了。圣人尽性至命，何物不具，何待兼取？二氏之学皆我之学，即吾尽性至命中，完养此身谓之仙，不染世累谓之佛。后世儒者不见圣学之全，故与二氏成二见耳。辟之厅堂三间，共为一室，儒者见佛氏则割左边一间与之，见老氏则割右边一间与之，而己则自处于中间，皆举一而废百也。"

1524 年

三年甲申，先生五十三岁。

正月，越郡守南大吉见先生，自陈其临政多过。问先生："何无一言教我？"先生曰："吾已言之久矣。"大吉未解。先生问曰："吾不言，汝何以知？"对曰："此某之良知也。"先生曰："良知非我常言而何？"大吉笑谢而去。越数日，再来，请曰："某过后甚悔，虽亟思改图，然不若得人预言，不犯为佳。"先生曰："人言不如自悔真切。"越数日，又来请："身过可勉，心过奈何？"先生曰："昔镜未开明，可以藏垢。今镜明矣，一尘之落，亦难住脚，此入圣之机也。勉之。"

八月十五日，宴门人于天泉桥。是夜，月白如昼。门人百余人，酒酣，各歌诗、投壶、击鼓、荡舟为乐。先生见诸生兴

王阳明传

剧，退而作诗云："铿然舍瑟春风里，点也虽狂得我情。"明日，诸生入谢。先生曰："昔孔子在陈，思鲁之狂士，以学者没溺富贵，如拘如囚而莫之省，有高明脱落者，知一切俗缘皆非性体，然不加实践，以入于精微，则渐有轻灭世故，阔略伦物之病。虽比世之庸琐者不同，其为未得于道，一也。故孔子思归以裁之。今诸君已见此意，正好精诣力造，以求至于道，无以一见自足，而终止于狂也。"

钱德洪、德周，魏良政、良器，读书城南，游禹穴诸胜，忘返。钱父问二魏曰："得无妨课业乎？"二魏答曰："触处皆举子业也。"对曰："朱说亦须理会否？"二魏曰："以吾良知求晦翁之说，譬之打蛇得七寸，又何忧不得耶？"钱父疑未释，进问先生。先生曰："譬之治家，学圣贤者，其产业、第宅、服食、器物，皆所自置。欲请客，出所有以享之。客去，其物具在，还以自享，终身用之无穷也。学举业者，专以假贷为功。与请客，自厅事以至供具百物，莫不遍借。客来，虽一时丰裕可观，客去，则尽以还人，一物非所有也。若请客不至，则时过气衰，借贷亦不备，终身奔劳，作一窭（jù）人而已。是求无益于得，求在外也。"明年乙酉，魏良政发解。钱父闻之，笑曰："打蛇得七寸矣。"时大礼议起，霍兀厓、席元山、黄宗贤、宗明问先生，先生皆不答。

1525 年

四年乙酉，先生五十四岁。

正月，夫人诸氏卒。

四月，祔（fù）葬于徐山。

六月，先生服阕。礼部尚书席书特疏荐曰："生在臣前者见一人，曰杨一清；生在臣后者见一人，曰王守仁。"

1526 年

五年丙戌，先生五十五岁。

聂豹以御史巡按福建，渡钱塘，来见先生，书谓："思、孟、周、程，无意相遭于千载之下。"然豹是时尚以宾客礼见也。后六年，豹出守苏州，先生以下世四年矣。语钱德洪、王畿曰："吾学诚得先生开发，冀再见执贽，不及矣。兹以二君为证。"具香案，拜先生，称门人。

十二月庚申，正亿生。

1527 年

六年丁亥，先生五十六岁。

五月，起总督两广、江西、湖广军务，征思、田。

九月，发越。

十月，过南昌。先是，先生舟次广信。门人徐樾方自白鹿洞学跌坐而来，有禅定意。登舟，先生目而得之，令举似。曰："不是。"已而，稍变前语。曰："不是此体，岂有方所？譬之此烛，光无不在，不可以烛上为光。"因指舟中曰："此亦是光，此亦是光。"指舟外水面曰："此亦是光。"樾唯唯。明日，至南浦，百姓迎者欢呼塞途，至不能行。父老争顶舆，递入都司。先生命就谒者东入西出，有不舍者，出且复入，自辰至未始散，始举有司常仪。有诸生唐尧臣者，素不信先生讲学，至是惊曰："三代以下，安得有此气象耶？"明日，谒文庙，讲《大学》于明伦堂。诸生屏拥，多不得闻。尧臣诈为献茶者，得上堂傍听，大喜自庆。

十一月至梧州，上《谢恩遂陈肤见疏》。

1528 年

七年戊子，先生五十七岁。

二月，平思、田。

七月，平八寨、断藤峡。上《经略思田及八寨断藤峡事宜》。

九月，以平思、田功，赏银五十两，纻（zhù）丝四袭。

十月，以疾，疏请告，不报。谒汉马伏波将军庙于乌蛮滩，宛然少时梦中所见也，识二诗于其壁。谒增城先庙，先生之六世祖纲，以参议死苗难者是也。

十一月班师，至大庾岭，先生疾已剧，谓布政使王大用曰："尔知孔明之所以托姜维乎？"大用遂拥兵护卫，且为敦匠事。二十五日，至南安，门人推官周积来见。二十八日，泊青龙浦。明日，召积入，开目视曰："吾去矣。"积泣下，问何遗言。先生微哂曰："此心光光地，更有何言？"有顷，瞑目而逝。门人赣州兵备张思聪迎入南野驿，沐浴襚（suì）敛如礼。

十二月初三日，思聪与官属设祭入棺。明日，舆榇登舟，士民远近遮道，哭声震地。至赣，士民沿途拥哭如南安。至南昌，门人巡按御史储良才、提学副使赵渊请改岁行，士民昕夕哭奠。

王阳明传

王阳明知行合一之教

（梁启超／著）

第一章　引论

　　现在（尤其是中国的现在）学校式的教育，种种缺点，不能为讳。其最显著者，学校变成"知识贩卖所"。办得坏的不用说，就算顶好的吧，只是一间发行知识的"先施公司"。教师是掌柜的，学生是主顾客人。顶好的学生天天以"吃书"为职业。吃上几年，肚子里的书装的像蛊胀一般，便算毕业。毕业以后，对于社会上实际情形不知相去几万里。想要把所学见诸实用，恰与宋儒高谈"井田封建"无异，永远只管说不管做。再讲到修养身心磨练人格那方面的学问，越发是等于零了。学校固然不注意，即使注意到，也没有人去教。教的人也没有自己确信的方法来应用，只好把他搁在一边拉倒。青年们稍为有点志气对于自己前途切实打主意的，当然不满意于这种畸形教育。但无法自拔出来，只好自己安慰自己说道，"等我把知识的罐头装满了之后，再慢慢的修养身心以及讲求种种社会实务吧"。其实哪里有这回事？就修养方面论，把'可塑性'最强的青年时代白白过了。到毕业出校时，品格已经成型，极难改进。投身到万恶社会中，像洪炉燎毛一般，拢着边便化为灰烬；就实习方面论，在学校里养成空腹高心的习惯，与社会实情格格不入，

　　　　　　　　　　　王阳明传

到底成为一个书呆子，一个高等无业游民完事。青年们啊，你感觉这种苦痛吗？你发见这种危险吗。我告诉你唯一的救济法门，就是依着王阳明知行合一之教去做。

知行合一是一个"讲学宗旨"。黄梨洲说："大凡学有宗旨，是其人之得力处，亦即学者之入门处。天下之义理无穷，苟非定以一二字，如何约之使其在我？"（《明儒学案发凡》）所谓"宗旨"者，标举一两个字或一两句话头，包举其学术精神之全部，旗帜鲜明令人一望而知为某学派的特色。正如现代政治运动社会运动之'喝口号'，令群众得个把柄，集中他们的注意力，则成功自易。凡讲学大师标出一个宗旨，他自己必几经试验，痛下苦功，见得真切，终能拈出来，所以说是'其人得力处'。这位大师既已循着这条路成就他的学问，他把自己阅历甘苦指示我们，我们跟着他的路走下去，当然可以事半功倍而得和他相等的结果，所以说是'即学者入门处'。这种'口号式'的讲学法，宋代始萌芽，至明代而极成。'知行合一'便是明代第一位大师王阳明先生给我学术史上留下最有名而且最有价值的一个口号。

口号之成立及传播，要具备下列各种要素：（一）语句要简单，令人便于记忆，便于持守，便于宣传。（二）意义要明确。明，谓显浅，令人一望而了解；确，谓严正，不含糊模棱以生误会。（三）内容要丰富，在简单的语句里头能容得多方面的解释而且愈追求可以愈深入。（四）刺激力要强大，令人得着这个口号便能大感动，而且积极得向前奋进。（五）法门要直捷，依着他实行，便立刻有个下手处。而且不管聪明才力之大小，各各都有个下手处。无论政治运动、学术运动、文艺运动等，凡有力的口号，都要如此。在现代学术运动所用口号，还有下列两个消极的要素：（一）不要含宗教性。因为凡近于迷信的东西，都是足以阻碍我们理性之自发，而且在现代早已失其感动力。（二）不要带玄学性。因为很玄妙的道理，其真价值如何姑勿论，纵使好极，也不过供极少数人高尚娱乐之具，很难得多数人普遍享用。根据这七个标准来评定中外古今学术之'宗旨'，即学术运动之口号，我以为阳明知行合一这句话，总算最有永久价值而且最适用于现代潮流的了。

阳明所用的口号也不止一个，如'心即理'，如'致良知'都是他最爱用的，尤其是'致良知'这个口号，他越到晚年叫得越响。此外如'诚意'，如'格物'都是常用的。骤看起来，好像五花八门，应接不暇，其实他的学问是整个的，是一贯的。翻来覆去，说的只是这一件事。所以我们用'知行合一'这个口号代表他的学术全部，是不会错的，不会遗漏的。

口号须以内容丰富为要素，既如前述。'知行合一'这一句话，望过去像很简单，其实里头所含意义甚复杂甚深邃，所以先要解剖他的内容。

第二章　知行合一说之内容

把知行分为两件事，而且认为知在先行在后，这是一般人易陷的错误。阳明的知行合一说，即专为矫正这种错误而发。但他立论的出发点，今因解释大学和朱子有异同，所以欲知他学说的脉络，不能不先把大学原文做个引子。

大学说："欲修其身者先正其心，欲正其心者先诚其意，欲诚其意者先致其知，致知在格物。"这句话教人以修养身心的方法，在我们学术史上含有重大意味。自朱子特别表彰这篇书，把他编作四书之首，故其价值越发增重了。据朱子说这是"古人为学次第"（《大学章句》）。要一层一层的做上去，走了第一步才到第二步。内中诚意正心修身是力行的功夫，格物致知是求知的功夫。朱子对于求知功夫看得尤重，他因为大学本文对于诚意以下都解释，对于致知格物没有解释，认为是有脱文，于是作了一篇格致补传。说道："所谓致知在格物者，言欲致吾知，在即物而穷其理也。盖人心之灵莫不有知，而天下之物莫不有理。唯于理有未穷，故其知有不尽也。是以大学始教，必使学者即凡天下之物，莫不因其已知之理而益穷之以求至乎其极。至于用力之久，而一旦豁然贯通焉，则众物之表里精粗无不到，而吾心之全体大用无不明矣……依朱子这种用功法，最少犯了下列两种毛病：一是泛滥无归宿，二是空伪无实著。天下事物如此其多，无论何事何物，若想用科学方法'因其已知之理而益穷之以求至乎其极'，单一件已够销磨你一生精力了。朱子却是用'即凡天下之物'这种全称名词，试问何年何月才能'即凡'都'穷'过呢？要先做完这段功夫才讲到诚意正心等，那么诚正修齐治平的工作，只好待著转轮再世了。所以结果是泛滥无归宿。况且朱子所谓'穷理'并非如近代科学家所谓客观的物理，乃是抽象的徜况无朕的一种东西。所以他说有'一旦豁然贯通则表里精粗无不到'那样的神秘境界。其实那种境界纯是可望不可即的，或者还是自己骗自己。倘若具有这种境界，那么'豁然贯通'之后，学问已做到尽头，还用着什么诚意正心等努力。所谓'为学次第'者何在，若是自己骗自己，那么用了一世格物穷理功夫，只落得一个空。而且不用功的人哪个不可以伪托，所以结果是虚伪无实着。

阳明那时代，'假的朱学'正在成行，一般'小人儒'都夹着一部性理大全作举业的秘本。言行相远，风气大坏。其间一二有志之士，想依着朱子所示法门切实做去，却是前举两种毛病，或犯其一，或兼犯其二，到底不能有个得力受用处。阳明早年固尝为此说所误，阅历许多甘苦，不能有得（注一），后来在龙场驿三年，劳苦患难，九死一生，切实体验，才能发明这知行合一之教。

（注一：传习录黄以方记阳明说："初年与友论做圣贤要格天下之物，因指亭前竹子令格去看，友格了三日，便劳神致疾。某说他精力不足，因自生穷格，到七日亦以劳思成疾。遂相与叹圣贤是做不得的，无他力量去格物了。"观此知阳明曾犯过泛滥无归宿的病。又文集答季明德书云："若仁之不肖，亦常陷溺于其间者几年，伥伥然自以为是矣。赖天下之灵偶有悟于良知之学，然后悔其向之所为者，固包藏祸心，作伪于外而心劳日拙者也……"观此知阳明曾犯过虚伪无着的病。）

知行合一这四个字，阳明终身说之不厌。一部王文成公全书，其实不过这四个字的注脚。今为便于学者记忆持习起见，把他许多话头分成三组。每组拈出几个简要的话做代表。

第一组，"未有知而不行者，知而不行，只是未知。"（《传习录徐爱记》）

第二组，"知是行的主意，行是知的功夫，知是行之始，行是知之成。"（《传习录徐爱记》）

第三组，"知行原是两个字说一个功夫，知之真切笃实处便是行，行之明觉精察处便是知。"（文集答友人问）

第一组的话是将知行的本质为合理的解剖说明。阳明以为凡人有某种感觉，同时便起某种反应作用。反应便是一种行为，感觉与反应，同时而生，不能分出个先后。他说："大学指出个真知行与人看说，'如好好色，如恶恶臭。'见好色属知，好好色属行，只见那好色时已自好了，不是见了后又立个心去好。

闻恶臭属知，恶恶臭属行，只闻那恶臭时已自恶了，不是闻了后又立个心去恶。如鼻塞人虽见恶臭在前，鼻中不曾闻得，便亦不甚恶，亦是不曾知臭……"（《传习录徐爱记》）（注二）

（注二：大学"如恶恶臭如好好色"那两句话是解释'诚意'的，阳明却说他'指出个真知行'。阳明认致知为诚意的功夫，诚意章所讲即是致知的事，故无须再作格致补传也。此是阳明学术脉络关键所在，勿轻轻看过。）

这段譬喻，说明知行不能分开，可谓深切著明极了。然犹不止此，阳明以为感觉'知'的本身，已是一种事实，而这种事实早已含有行为的意义在里头。他说："又如知痛，必已自痛了方知痛；知寒，必已自寒了；知饥，必已自饥了。知行如何分得开，此便是知行的本体，不曾有私意隔断的（注三）。必要时如此，方可谓之知，不然只是不曾知。"（《传习录徐爱记》）

（注三：此文虽说'知行本体'，其实阳明所谓本体专就'知'言，即所谓良知是也。但他既已把知行认为一事，知的本体也即是行的本体，所以此语亦无病。

又阳明是主张性善说的，然而恶从哪里来呢？他归咎于私意隔断，此是阳明学重大条目，详见第四章。）

常人把知看得太轻松了，所以有"非知之艰行之维艰"一类话（案：这是伪古文尚书语）。徐爱问阳明："今人尽有知得父当孝兄当悌者，却不能孝不能悌便是知与行分明是两件事。"阳明答道："如称某人知孝，某人知悌，必是其人已曾行孝行悌，方可称他知孝知悌，不成只是晓得说些孝悌的话便可称为知孝知悌。"（《传习录徐爱记》）。譬如现在青年们个个都有自以为知道要爱国，却是所行所为，往往与爱国相反。常人以为他是知而不行，阳明以为他简直不知罢了。若是真知道爱国滋味和爱他恋人一样（如好好色），绝对不会有表里不一的。所以得着"知而不行，只是不知"的结论。阳明说："知行之体本来如是，非以己意抑扬其间，姑为是说以苟一时之效者也。"（《答顾东桥书》）

第二组的话，是从心理历程上看出知行是相依相待的，正如车之两轮，鸟之两翼，缺了一边，哪一边也便不能发生作用了。凡人做一件事，必须先打算去做，然后会着手去做去。打算便是知，便是行的第一步步骤。换一面看，行是行个什么，不过把所有打算的实现出来。非到做完了这件事时候最初的打算不曾完成，然则行也是贯彻所知的一种步骤。阳明观察这种心理历程，把他分析出来，说道："知是行的主意，行是知的功夫。知是行之始，行是知之成。"当时有人问他道："如知食乃食，知路乃行，未有不见是物，先有是事。"阳明答道："夫人必有欲食之心然后知食，欲食之心即是意，即是行之始矣。食味之美恶，必待入口而后知，岂有不待入口而已先知食味之美恶者耶？必有欲行之心然后知路，欲行之心就是意，即是行之始矣。路途之险夷，必待身亲履历而后知，岂有不待身亲履历而已先知路途之险夷者耶？"（《答顾东桥书》）

现在先解释"知是行的主意","知是行之始"那两句话。阳明为什么和人辨论'知'字时却提出'意'字来呢？阳明以为我们所有一切知觉，必须我们的意念涉着于对境的事物终能发生（注四）。离却意念而知觉独立存在，可谓绝对不可能的事。然则说我们知道某件事，一定要以我们的意念涉着这件事为前提。意念涉着是知的必要条件，然则意即是知的必须成分。意涉着食物方会知，而意生涉着那事物便是行为的发轫。这样说来，"知是行之始"无疑了。由北京去南京的人，必须知有南京，原是不错的。为什么知有南京，必是意念已经涉着南京。涉着与知，为一刹那间不可分割的心理现象。说他是知，可以，说他是行的第一步，也可以。因为意念之涉着不能不认为行为之一种。

（注四：看后一章论心物合一。）

再解释"行是知的功夫"，"行是知之成"那两句。这两句较上两句尤为重要，阳明所以苦口婆心说个知行合一，其着眼实在此点。我们的知识从哪里得来呢？有人说，从书本上可以得来；有人说，从听讲演或谈论可以得来；有人说，用心冥想可以得来。其实都不对，真知识非实地经验之后是无从得着的。你想知道西湖风景如何，读几十种西湖游览志便知道吗？不。听人讲游西湖的故事便知道吗？不。闭目冥想西湖便知道吗？不不。你要真知道，除非亲自游历一回。常人以为，我走先知后行的功夫，虽未实行，到底不失为一个知者。阳明以为这是绝对不可能的事，他说："

今人却将知行分作两件事去做，以为必先知了然后能行。我如今且去讲习讨论做知的功夫，待知得真了方去做行的功夫。故遂终身不行，亦遂终身不知。此不是小病痛。"（《传习录徐爱记》）

这段话，现在学校里贩卖知识的先生们和购买知识的学生们听了不知如何。你们岂不以为我的学问虽不曾应用，然而已经得着知识，总算不白费光阴吗。依阳明看法，你们卖的买的都是假货的，固为不曾应用的知识绝对算不了知识。方才在第一组所引的话"未有知而不行者，知而不行，只是不知。"今我不妨阳明之意，套前调补充几句："未有不行而知者，不行而求知，终久不会知。"这样说来，我们纵使以求知为目的，也不能不以力行为手段。很明白了，所以说"行是知的功夫。"又说"行是知之成"。

中庸说："博学之，审问之，慎思之，明辨之，笃行之。"后人以为学问思辨属知的方面讲，末句才是属行的方面讲。阳明以为错了，他说：

"夫问思辨行所以为学，未有学而不行者也。如学孝，则必服劳奉养躬身行孝道而后谓之学。岂徒悬空口耳讲说而遂可以谓之举孝乎。学射，则必张弓挟矢引满中的。学书则必伸纸执笔操觚染翰，尽天下之学，无有不行而可以言学者。则学之始固已即是行矣……学之不能无疑则有问，问即学也，即行也。

又不能无疑，则有思有辨，思辨即学也，即行也……非谓学问思辨之后而始措之于行也。是故以求能其事而言谓之学，以求辨其义而言谓之问，以求通其理而言谓之思，以求精其察而言谓之辨，以求履其实而言谓之行。盖其功而言则有五，合其事而言则一而已。"（《答顾东桥书》）

又说：

"凡谓之行者，只是着实去做这件事。若着实做学问思辨的功夫，则学问思辨亦便是行矣。学是学做这件事，问是问做这件事，思辨是思辨这件事。则行亦便是学问思辨矣。若谓学问思辨了然后去行，却如何悬空去学问思辨，行时又如何去得个学问思辨的事。"（《答友人问》）

据这两段话，拿行来概括学问思辨也可以，拿学来概括问思辨行也可以。总而言之，把学和行打成一片，横说竖说都通。若说学自学，行自行，那么，学也不知是学个什么，行也不知是行个什么了。

有人还疑惑，将行未行之前，总须要费一番求知的预备功夫，才不会行错。问阳明道，"譬之行道者，以大都为所归宿之地。行道者不辞险阻艰难，决意向前。如使此人不知大都所在而泛焉欲往可乎。"阳明答道：

"夫不辞险阻艰难而决意向前，此正是"诚意"，审如是，则其所以问道途具资斧戒舟车，皆有不容己者。不然，又安在其为决意向前，而亦安所前乎？夫不知大都所在而泛然欲往，

　　　　　　　　　　　王阳明传

则亦欲往而已，未当真往也。唯其欲往而未当真往，是以道途之不问，斧资之不具，舟车之不戒。若决意向前，则真往矣，真往者能如是乎？此是功夫切要处，试反求之。"（《答王天宇第二书》）

又有人问："天理人欲，知之未尽，如何用得克己功夫。"阳明答道：

"若不用克己功夫，天理私欲，终不自见。如走路一般，走得一段，方认得一段，走到歧路处，有疑便问。问了又走，方才能到。今于已知之天理不肯存，已知之人欲不肯去。只管愁不能尽知，闲讲何益。"（《传习录陆澄记》）

这些话都是对于那些借口智识未重便不去实行的人痛下针砭，内中含有两种意思：其一，只要你决心实行，则智识虽缺少些也不足为病。因为实行起来，便逼着你不能不设法求智识，智识也便跟着来了，这便是"知是行之始"的注脚。其二，除了实行外，再没有第二条路得着智识。因为智识不是凭空可得的，只有实地经验。行过一步，得着一点。再行一步，又得一点，一步不行，便一点不得。这便是"行是知之成"的注脚。

通观前两组所说这些话，知行合一说在理论上如何能成立，已大略可见了。照此说来，知行本体既只是一件，为什么会分出两个名词。古人教人为学为什么又常常知行对举呢？关于这一点的答辩，我们编在第三组，阳明说：

"知行原是两个字说一个功夫，这一个功夫，须着此两个

字，方说得完全无弊。"(《答友人问》)

又说：

"知之真切笃实处便是行，行之明觉精察处即是知。知行功夫本不可离，只为后世学者分作两截用工，失却知行本体。固有知行合一并进之说，真知即所以为行，不行不足谓之知……"(《答顾东桥书》)

又说：

"行之明觉精察处便是知，知之真切笃实处便是行。若行而不能精察明觉，便是冥行，便是学而不思则罔，所以必须说个知。知而不能真切笃实，便是妄想，便是思而不学则殆，所以必须说个行。原来只是一个功夫，古人说知行皆是就一个功夫上补偏救弊，不似今人分作两件事做。"(《答友人问》)

又说：

"若会得时，只说一个知，已自有行在。只说一个行，已自有知在。古人所以既说一个知又说一个行者，只为世间有一种人懵懵懂懂的任意去做，全不解思惟省察，也只是个冥行妄作。所以必说个知方才得是。又有一种人茫茫荡荡悬空去思索，全不肯着实躬行，也只是揣摸影响。所以必说一个行，方知得真……今若得宗旨时即说两个亦不妨，亦只是一个。若不会宗旨，便说一个亦济得甚事，只是闲说话。"(《传习录徐爱记》)

以上几段话，本文很明白，毋庸再下解释。我们读此，可以知道阳明所以提倡知行合一论者，一面固因为"知行之体本来如此"，一面也是针对末流学风"补偏救弊"的作用。我们若想遵从其教得个着力处，只要从真知真行上切实下功夫。若把他的话只当作口头禅，虽理论上辨析得很详细，却又堕于"知而不行只是不知"的痼疾，非复阳明本意了。

然则阳明所谓真知真行到底是什么呢？关于这一点，我打算留待第四章'论知行合一与致良知'时再详细说明。试拿现代通行的话说个大概，则'动机纯洁'四个字，庶几近之。动是行，所以能动的机括是知，纯是专精不疑二，洁是清醒不受蔽，质而言之，在意念隐微处（即动机）痛切下功夫。如孝亲，须把孝亲的动机养得十二分纯洁，有一点不纯洁处务要克治去；如爱国，须把爱国的动机养得十二分纯洁，有一点不纯洁处务要克治去。纯洁不纯洁，自己的良知当然会看出，这便是知的作用。看出后登时绝对的服从良知命令去做，务要常常保持纯洁的本体，这便是行的作用。若能如此，自能"好善如好好色，恶恶如恶恶臭"，便是大学诚意的全功，也即是正心修身致知格物的全功，所以他说："君子之学诚意而已矣？"《答王天宇书》）。意便是动机，诚是务求纯洁，阳明知行合一说的大头脑，不外如此。他曾明白宣示他的立言宗旨道：

"今人只因知行分作两件，故有一念发动，虽是不善，然却未曾行，便不去禁止。我今说个知行合一，正要人晓得一念发动处便即是行了……须要彻根彻底不使那一念潜伏在胸中，此是我立言宗旨。"（《传习录黄直记》）

他说："杀人须在咽喉处著刀，为学须在心体入微处用力。"（《答黄宗贤第五书》）。他一生千言万语，说的都是这一件事。而其所以简易直捷，令人实实落落得个下手处，亦正在此。

于是我们所最要知道的，是阳明对于一般人所谓'知识'者，其所采态度如何。是否有轻视或完全抹煞的嫌疑，现在我们要解决这个问题作本章的结论。

阳明排斥书册上知识，口耳上知识，所标态度，极为鲜明。他说："后世不知作圣之本，却专去知识才能上求圣人，弊精竭力，从册子上钻研，名物上考察，形迹上比拟，知识愈广，而人欲愈滋，才力愈多，而大理愈蔽……"（《传习录薛侃记》）从这类话看来，阳明岂不是认知识为不必要吗？其实不然，他不是不要知识，但以为"要有个头脑"（《传习录徐爱记》）。头脑（注五）是什么呢？我们叫他做诚意亦可以，叫他致良知亦可以，叫他动机纯洁亦可以。若没有这头脑，知识愈多愈坏。譬如拿肥料去栽培恶树的根，肥料越下得多，他越畅茂，四旁嘉穀越发长不成了（《传习录陆澄记》）。有了头脑之后，知识当然越多越好。但种种知识，也不消费多大的力，自然会得到，因为他是头脑发出来的条件。有人问："如事父母起见温凉定省之类，有许多节目，不知亦须讲求否。"阳明答道：

"如何不讲求，只是有个头脑……此心若是个诚于孝亲的心，冬时自然思量父母的寒，便自要去求做温的道理，夏时自然思量父母的热，便自要去求个凉的道理。这都是那诚孝的心发出来的条件，却是须有这诚孝的心，然后有这条件发出来。譬之树木，诚孝的心便是根，许多条件便是枝叶，须先根，然后有枝叶。不是先寻了枝叶然后去种根。"（《传习录徐爱记》）

（注五：此是概括传习录中语。原文所谓头脑者，谓"只是此心去人欲存天理"意思只是要动机纯洁，今易其语，俾易了解。）

知识是诚心发出来的条件，这句话便是知行合一论最大的根据了。然而条件是千头万绪千变万化的，有了诚心（即头脑）碰着这件，自然会讲求这件，走到那步，自然会追求前一步。若想在实行以前或简直离开实行而泛泛然去讲习讨论那些条件，那么，在这千头万绪千变万化中，从哪里讲习起呢？阳明关于此点，有最明快的论说道：

"夫良知之于节目事变，犹规矩尺度之于方圆长短也。节目事变之不可预定，犹方圆长短之不可胜穷也。故规矩诚立，则不可欺以方圆，而天下之方具不可胜用矣。尺度诚陈，则不可欺以长短，而天下长短不可胜用矣。良知诚致，则不可欺以节目事变，而天下之节目事变不可胜应矣。毫厘千里之缪，不于吾心良知一念之微而察之，亦将何所用其学乎。是不以规矩而欲定天下之方圆，不以尺度而欲尽天下之长短，吾见其乖张谬戾，日劳而无成也已。"（《答顾东桥书》）

这段话虽然有点偏重主观的嫌疑，但事实上我们对于应事接物的知识，如何才能合理，如何便不合理，这类标准，最后终不能不以主观的良知为判断，此亦事之无可如何者。即专以求知的功夫而论，我们也断不能把天下一切节目事变都讲求明白才发手去做。只有先打定主意诚诚恳恳去做这件事，自然着手之前逼着做预备知识功夫。着手之后，一步一步的磨炼出知识来。正所谓"知是行之始，行是知之成"也。今请更引阳明两段话以结本章：

"良知不由见闻而有，而见闻莫非良知之用，故良知不滞于见闻，而亦不离于见闻……大抵学问功夫，只要主意头脑是当，若主意头脑专以致良知为事，则凡多见，莫非致良知之功……"（《答欧阳崇一书》）

"君子之学，何尝离去事为而废论说？但其从事为论说者，要皆知行合一之功，正所以致其本心之良知，而非若世之徒事口耳谈说以为知者，分知行为两件事，而果有节目先后之可言也。"（《答顾东桥书》）

第三章　知行合一说在哲学上的根据

知行合一，本来是一种实践的工作，不应该拿来在理上拨弄，用哲学家贪玄的头脑来讨论这个问题，其实不免有违反阳明本意的危险（后来王学末流，失其真想，正犯此弊）。但是凡一个学说所以能成立光大，不能不有极深远极强固的理由在里头。我们想彻底了解知行合一说之何以能颠扑不破，当然不能不推求到他在哲学上的根据。

阳明在哲学上有极高超而且极一贯的理解。他的发明力和组织力，比朱子陆子都强。简单说，他是一位极端的唯心论者，同时又是一位极端的实验主义者。从中国哲学史上看，也一面像禅宗，一面又像颜习斋。从西洋哲学史上看，他一面像英国的巴克黎，一面又像美国的詹姆士。表面上像距离很远的两派学说，他能冶为一炉，建设他自己一派极圆融极深切的哲学，真是异事。

阳明的知行合一说，是从他的"心理合一说"，"心物合一说"演绎出来。拿西洋哲学的话头来讲，可以说他是个绝对的一元论者。"一"者何，即"心"是也。他根据这种唯心的一元论，于是把宇宙万有都看成一体，把圣贤多少言语都打成一片，所以他不但说知行合一而已，什么都是合一。孟子说"夫道一而已矣"，他最喜欢引用这句话。（注六）

（注六：传习录卷下，"问，圣贤许多言语，如何却要打成一个。"曰："不是我要打做一个，如曰：'夫道一而已。'又曰：'其为物不二则其生物不测。'天地圣人，皆是一个如何二得?"）

他的心理合一说：心物合一说，是从解释大学引申出来，我们要知道他立论的根原，不能不将大学本文仔细解释。大学说："欲修其身者先正其心，欲正其心者先诚其意。"这两句话没有什么难解，但下文紧接着说："欲诚其意者先致其知，致知在格物。"这两句却真费解了，诚意是属于志意方面的，致知是属于知识方面的。其间如何能发生密切的联络关系，说欲意志坚强（欲诚其意）先要知识充足（先致其知），这话如何讲得去。朱子添字解经说格物是"穷至事物之理"，想借一理字来做意与知之间一个连锁。于是"致知在格物"改成"致知在穷理"。格物是否可以作穷理解，另一问题，若单就"致知在格物"一句下解释，则朱子所谓："惟理有未穷，故其知有不尽"，原未尝不可以自成片段。所最难通者，为什么想要诚意必先得穷理，理穷之后为什么便会诚。这两件事无论如何总拉不拢来。所以朱子教人有两句重要的话："涵养须用敬，进学则在致知"。上句是诚正的功夫，下句是格致的功夫。换句话说，进学是专属于求知识方面，与身心之修养无关系，两者各自分道扬镳。对于大学所谓"欲什么先什么，欲什么先什么"，那种层累一贯的论法，不独理论上说不通，连文义上也说不通了。

阳明用孟子"良知"那两个字来解释大学的'知'字，良知是"不学而能"的，即是主观的一是非之心。"欲诚其意者必先致其有是非之心的良知"。这样一来，诚意与致知确能生出联络关系了。却是"致知在格物"那一句又解不通。若如就说解格物为"穷至事物之理"，则主观的良知与事物之理又如何能有直接关系呢。欲对于此点得融会贯通，非先了解阳明的心物合一论不可，阳明说：

"要知身心意知物，是一件。"问："物在外，如何与身心意知是一件？"答道："耳目口鼻四肢，非心安能视听言动，心欲视听言动，无耳目口鼻四肢亦不能，故无心则无身，无身则无心。但指其充塞处言之谓之身，指其主宰处言谓之心，指心之发动处谓之意，指意之灵明处谓之知，指意之涉着处谓之物。只是一件，意未有悬空的必着事物……"（《传习录陈九川记》）

又说：

"身之主宰便是心，心之所发便是意，意之本体便是知，意之所在便是物。"（《传习录徐爱记》）

又说：

"心者身之主也，而心之虚灵明觉，即所谓本然之良知也。其虚灵明觉之良知感应而动者谓之意，有知而后有意，无知则无意矣，知非意之本体乎。意之所用必有其物，物即事也。如意用于事亲，即事亲为一物；意用于治国，则治国为一物；意用于读书，即读书为一物；意用于听讼，即听讼为一物。凡意之所在，无有无物者……"（《答顾东桥书》）

又说：

"目无体，以万物之色为体；耳无体，以万物之声为体……心无体，以天地万物感应之是非为体。"（《传习录黄省曾记》）

现在请综合以上四段话来下总解释，阳明主张"身心意知物是一件"，这句话要分两步解剖才能说明。第一步从生理心理学上说明身心意知如何会是一件。第二步从论理学上或认识论上说明主观的身心意知和客观的物如何会是一件。先讲第一步，身与心，骤看起来像是两件，但就生理和心理的关系稍为按实一下，则"耳目口鼻四肢非心不能视听言动，心欲视听言动，离却耳目口鼻四肢亦不能"，这是极易明之理，一点破便共晓了。心与意的关系"心之发动便是意"，这是人人所公认，不消下解释。比较难解的是意与知的关系。"意之本体便是知"这句话，是阳明毕生大头脑。他晚年倡'良知是本体'之论，不外从此语演进出来。他所郑重说明的"有知即有意，无知则无意"这句话。我们试内省心理历程，不容我不首肯，然则知为意的本体亦无可疑了。阳明把生理归纳到心理上，再把心理的动态集中到意上，再追求他的静态，发现出知为本体。于是"身心意知是一件"的理论完全成立了。再论第二步，主观的心和客观的物各自独立，这是一般人最易陷的错误。阳明解决这问题，先把物字下广义的解释。所谓物者不专限于有形物质，连抽象的事物如事亲治国读书等凡我们认识的对象都包括在里头，而其普遍的性质是"意之所在"意之所涉着处。再回头来看心理状态则"意之所在所涉，未有无物者"，"意不能悬空发动，一发动便涉着到事物"，层层推剥不能不归到"心无体以万物之感应为体"的结论。然则从心理现象观察，主观的心不能离却客观的事物即单独存在较然甚明，这是从心的方面看出心物合一。

翻过来从物理上观察，也是得同一的结论。阳明以为"心外无物"（《答王纯甫书》），又说："有是意则有是物，无是意即无是物矣。"（《答顾东桥书》）有人对于他这句话起疑问，他给他以极有趣的回答，传习录记道：

"先生游南镇，一友指岩中花树问曰：'天下无心外之物，如此花树，在深山中，自开自落，于我心亦何相关'。先生曰：'尔未看此花时，此花与尔心同归于寂，尔来看此花时，则此花颜色，一时明白起来，便知此花不在尔的心外。"（《黄省曾记》）

又说：

"我的灵明，便是天地鬼神的主宰。天没有我的灵明，谁去仰他高；地没有我的灵明，谁去俯他深；鬼神没有我的灵明，谁去辨他吉凶灾祥。天地鬼神万物，离却我的灵明，便没有天地鬼神万物了，我的灵明离却天地鬼神万物，亦没有我的灵明……今看死的人，他的天地万物，尚在何处。"（《传习录黄直录》）

中庸说"不诚无物"，孟子说"万物皆备于我"。这些话都是"心外无物论"的先锋，但没有阳明说得那样明快。他所说"你未看此花时，此花与你同归于寂"，又说"死了的人他的天地万物在何处"，真真算得彻底的唯心派论调。这类理论和譬喻，西洋哲学史上从黑格尔到罗素，打了不少的笔墨官司。今为避免枝节起见，且不必详细讨论，总之凡不在我们的意识范围内的物（即阳明所谓意念不涉着者）最多只能承认他有物理学上数理学上或几何学上的存在，而不能承认他有伦理学上或认识论上的存在，显然甚明。再进一步看，物理学数理几何学的本身，离却人类的意识而单独存在吗？断断不能。例如一个等边三角形，有人说，纵使亘古没有人理会他，他毕竟是个等边三角。殊不知若亘古没有人理会时，便连'等边三角'这个名词先自不存在，何有于'他'。然则客观的物不能离却主观的心而单独存在，又至易见了。这是从物的方面看出心物合一。

还有应该注意者，阳明所谓物者，不仅限于自然界的物质物形物态，他是取极广义的解释，凡我们意识的对境皆谓之物。所以说"意用于事亲即事亲为一物，意用于治国读书听讼等则此等皆为一物"。这类物为构成我们意识之主要材料，更属显然。总而言之，有客观方有主观，同时亦有主观方有客观。因为主观的意不涉着到客观的物时，便失其作用，等于不存在。客观的物不为主观的意所涉着时，便失其价值，也等于不存在。心物合一说内容大观如此。

这种心物合一说在阳明人生哲学上得着一个什么的结论呢，得的是'人我一体'的观念，得的是天地万物一体的观念，他说：

"夫人者天地之心，天地万物，本吾一体也。"（《答聂義蔚书》）

又说：

"大人者，以天地万物为一体者也，其视天下犹一家，中国犹一人焉，若夫间形骸而分尔我者小人矣。"（《大学问》）

这些话怎么讲呢？我们开口说"我"，什么是"我"？当然不专指七尺之躯，当然是认那为七尺之躯之主宰的心为最要的成分。依阳明看法，心不能单独存在，要靠着有心所对象的"人"，要靠着有心所对象的"天地万物"，把人和天地万物剔开，心便没有对象。没有对象的心，我们到底不能想象他的存在，心不存在，"我"还存在吗？换句话说，人们和天地万物们便是构成"我"的一部分原料，或者还是可以说是唯一的原料，离却他们，我便崩坏。他们有缺憾，我也便有缺憾，所以阳明说：

"大人之能以万物为一体也，非意之也，其心之仁本若是。岂惟大人，虽小人之心亦莫不然。彼愿自小之耳，是故见孺子之入井而必有怵惕之心焉，是其心之与孺子为一体也。孺子犹同类者也，见鸟兽之哀鸣觳觫而必有不忍之心焉，是其心与鸟兽为一体也，鸟兽犹有知觉也，见草木之摧折而必有悯恤之心焉，是其心与草木为一体也，草木犹有生意也，见瓦石之毁坏而必有顾惜之心焉，是其心与瓦石为一体也……"（《大学问》，注七）

（注七：传习录卷下有"草木瓦石皆有良知"之说，语颇诞谲。细看阳明全集，他处并不见有此说，或者即因大学问此段，门人推论之而失其意义。传习录下卷……尤其是末数页，语多不醇，刘蕺山黄梨洲已有辩证。）

前文所述心物合一说之实在体相，骤看似与西洋之唯心论派或心物平行论派之辩争此问题同一步调。其实不然，儒家道术根本精神，与西洋哲学之以'爱智'为出发点截然不同，虽有时所讨论之问题若极玄妙，儒家归宿实不外以为实践道德之前提，而非如西方哲人借此为理智的娱乐工具。凡治儒家学说者皆当作如是观，尤其治阳明学者更不可以不认清此点也。阳明所以反复说明心物合一之实相，不外欲使人体验出物我一体之真理而实有诸己。他以为人类一切罪恶，皆由'间形骸分尔我'的私见演生出来，而这种私见，实非我们心体所本有。"如明目之中而翳之以沙尘，聪耳之中而塞之以木楔，其疾痛郁逆，将必速去之焉快，而何能忍于时刻。"（《答南元善书》）所以他晚年专提致良知之教，说"良知见得亲切时，一切功夫都不难"（《与黄宗贤书》）。又常说"良知是本体，做学问须从本体得着头脑。"（《履见传习录及文集》）所谓良知本体者，如目之本明，耳之本聪。若被私见（即分尔我的谬见）隔断点污时，正如翳目以沙，塞耳以楔。所以只须见得本体亲切，那么如何去沙拔楔，其功夫自迫切而不能已。所谓好善如好好色，恶恶如恶恶臭，必如是方能自谦。阳明教人千言万语，只是归着到这一点，盖良知见得亲切时，见善自能如目之见好色，一见着便不能不好，见恶自能如鼻之闻恶臭，一闻着便不能不恶。我们若能确实见得物我一体的实相，其所见之明白，能与见好色闻恶臭同一程度。那么，更如何能容得"分尔我"的私见有丝毫之存在呢？因为"吾心与孺子为一体"所以一见孺子入井，良知立刻怵惕恻隐，同时便立刻援之以手。因为吾心与国家为一体，所以爱国如爱未婚妻，以国之休戚利害为己之休戚利害，这不是"知之真切笃实处便是行"吗？哲理上的心物合一论所以实践上归宿到知行合一论者在此。

以下更将他的心理和一论，既已承认心物合一，理当然不能离心物而存在，本来可以不必再说心理合一，阳明所以屡屡论及此，而且标"心即理"三字为一种口号者，正为针对朱子"天下之物莫不有理"那句话而发。原来这个问题发生得很早，当孟子时，有一位告子，标'仁内义外'之说，以为事物之合理不合理，其标准不再内的本心而在外的对境。孟子已经驳倒了，朱子即物穷理之教，谓理在天下之物，而与'吾心之灵'成为对待，正是暗袭告子遗说，所以阳明力闢他，说道：

"朱子所谓格物云者，在'即物而穷其理'，即物穷理，是就事事物物上求其所谓定理者也，是以吾心而理于事事物物之中，析心与理而未二矣。夫求理于事事物物者，如求孝之理于其亲之谓也。求孝之理于吾亲，则孝之理果在于吾之心耶，抑果在于亲之身耶，假而在于亲之身，则亲没之后吾心遂无孝之理欤。见孺子入井，必有恻隐之理……其或不可以从之于井欤，是皆所谓理也，是果在于孺子之身欤，抑果出于吾心之良知欤。以是例之，万事万物之理，莫不皆然。是可以知析心与理为二之非矣。"（《答顾东桥书》）

平心论之，"就事事物物上求其所谓定理"，并非不可能的事，又并非不好的事，全然抛却主观，而以纯客观的严正态度严求物理，此正现代科学所由成立。科学初输入中国时，前辈认为"格致"正是用朱子之说哩。虽然比不过自然界之物理为然耳，科学所研究之自然界物理，其目的只要把那件物的原来样子研究得正确，不发生什么善恶价值问题。所以用不着主观，而且容不得主观。若夫人事上的理——即吾人应事接物的条理，吾人须评判其价值，求得其妥当性——即善亦即理，以为取舍从违之标准。所谓妥当者，绝不能如自然界事物之含有绝对性而当为相对性。然则离却吾人主观所谓妥当者，而欲求客观的妥当于事物自身，可谓绝对不可能的事。况且朱子解的大学，大学格致功夫，与诚意紧相衔接，如何能用自然科学的研究法来比附。阳明说："先儒解格物为'格天下之物'，天下之物，如何格得尽？且谓'一草一木亦皆有理'，今如何去格？纵格得草木来，如何反来诚得自家的意。"（《传习录黄以方记》）然则大

　　　　　　　　　　　　　　　　王阳明传

学所谓物，一定不是指自然界，而实指人事交互复杂的事物，自无待言。既已如此，则所谓妥当性——即理，不能求诸各事物之自身，而必须求诸吾心，亦不待言，所以阳明说：

"夫物理不外于吾心，外吾心而求物理矣，无物理矣；遗物理而求吾心，吾心又何物耶……后世所以有专求本心遂遗物理之患，正由不知心即理耳……外心以求物，此知行之所以二也，求理于吾心，此圣门知行合一之教"。（《答顾东桥书》）

外心以求理，结果可以生出两种弊端：非向外而遗内，即向内而遗外。向外而遗内者，其最踏实的如研究自然科学，固然是甚好，但与身心修养之学，关系已经较少（也非无关系，不过较少耳，此事当别论）。等而下之，则故纸堆中片辞双义之考证笺注，先王陈迹井田封建等类之墨守争辩，繁文缛节少仪内则诸文人剽窃模仿，诸如此类。姑勿论其学问之为好为坏为有用为无用，至少也免不了博而寡要劳而少功的毛病，其绝非圣学入门所宜有事也可知。向内而遗外者，视理为超绝心境之一怪物，如老子所谓"有混沌成，先天地生"，"况兮忽兮，其中有象"。禅宗所谓"言语道断，心行路觉"。后来戴东原讥笑朱儒言理说是"如有物焉，得于天而具于天"者，正属此类。由前之说，正阳明所谓"外吾心而求物理"，由后之说，则所谓"遗物理而求吾心"。此两弊，朱学都通犯了，朱子笺注无数古书，乃至楚辞叁同契都注到，便是前一弊；费偌大气力去讲太极无极，便是后一弊。阳明觉此两弊皆是为吾人学道之障，所以单刀直入，鞭辟近里，说道"心外无物，心外无理，心外无善"（《答王纯甫书》）。朱子解格物到正心修身，说"古人为学次第"（《大学章句序》）。次第云者，像上楼梯一般，上了第一级才能到第二级，所以功夫变成先知（格致）后行（诚意等）。这是外心求理的当然结果，阳明主张心理和一，于是得如下的结论：

"理一而已，以其理之凝聚而言则谓之性，以其凝聚之主宰而言谓之心，以其主宰之发动而言则谓之意，以其发动之明觉而言则谓之知，以其明觉之感应而言则谓之物，故就物而言谓之格，就知而言谓之致，就意而言谓之诚，就心而言谓之正，正者正此也，诚者诚此也，致者致此也，格者格此也。"（《答罗丰庵书》）

这段话骤看起来，像有点囫囵笼统，其实凡一切心理现象，只是一刹那见同时并起，其间明相的分析，不过为说明的一种方便，实际上如何能划然有界限分出个先后阶段来。阳明在心物合一心理合一的前提之下，结果不认格致诚正为几件事的"次第"，只认为一件事里头所包含的条件。换言之，不是格完物才能去致知，致知完知采取诚意，但是欲诚意须以致知为条件，欲致知须以格物为条件，正如欲求饱便须吃饭，欲吃饭便须拿筷子端碗，拿筷子端碗，吃饭求饱，虽像有几个名目，其实只是一件事，并无所谓次第，这便是知行合一。今为令学者了解阳明学说全部脉络起见，将他晚年所作大学问下半篇全录如下：

　　身、心、意、知、物者，是其功夫所用之条理，虽亦各有其所，而其实只是一物。格、致、诚、正、修者，是其条理所用之功夫，虽亦皆有其名，而其实只是一事。何谓身，心之形体运用之谓也。何谓心，身之灵明主宰之谓也。何谓修身？为善而去恶之谓也。吾身自能为善而去恶乎？必其灵明主宰者欲为善而去恶，然后其形体运用者始能为善而去恶也。故欲修其身者，必在于先正其心也。然心之本体则性也，性无不善，则心之本体本无不正也。何从而用其正之之功乎？盖心之本体本无不正，自其意念发动，而后有不正。故欲正其心者，必就其意念之所发而正之，凡其发一念而善也，好之真如好好色，发一念而恶也，恶之真如恶恶臭，则意无不诚，而心可正矣。然意之所发，有善有恶，不有以明其善恶之分，亦将真妄错杂，虽欲诚之，不可得而诚矣。故欲诚其意者，必在于致知焉。致者，至也，如云"丧致乎哀"之致。易言"知至至之"，"知至"者知也，至之者致也。致知云者，非若后儒所谓充扩其知识也，致吾心之良知焉耳。良知者，孟子所谓"是非之心，人皆有之"者也。是非之心，不待虑而知，不待学而能，是故谓之良知。是乃天命之性，吾心之本体，自然灵昭明觉者也。凡意念之发，吾心之良知无有不自知者。其善欤，唯吾心之良知自知之，其不善欤，亦唯吾心之良知知之。是皆无所与于他人者也。故虽小人之为不善，既已无所不至，然其见君子，则必厌然掩其不善而著其善者，是亦可以见其良知之有不容于自昧者也。今欲别善恶以诚其意，唯在致其良知之所知焉尔。何则？意念之发，吾心之良知既知其为善矣，使其不能诚有以好之，而复背而去之，则是以善为恶，而自昧其知善之良知矣。意念之所发，吾之良知既知其为不善矣，使其不能诚有以恶之，而复蹈而为之，则是以恶为善，而自昧其知恶之良知矣。若是，则虽曰知之，犹不知也，意其可得而诚乎？今于良知之善恶者，无不诚好而诚恶之，则不自欺其良知而意可诚 也已。然欲致其良知，亦岂影响恍惚而悬空无实之谓乎？是必实有其事矣。故致知必在于格物。物者，事也，凡意之所发必有其事，意所在之事谓之物。格者，正也，正其不正以归于正之谓也。正其不正者，去恶之谓也。归于正者，为善之谓也。夫是之谓格。书言"格于上下""格于文祖""格其非心"，格物之格实兼其义也。良知所知之善，虽诚欲好之矣，苟不即其意之所在之物而实有以为之，则是物有未格，而好之之意犹为未诚也。良知所知之恶，虽诚欲恶之矣，苟不即其意 之所在之物而实有以去之，则是物有未格，而恶之之意犹为未诚也。今焉于其良知所知之善者，即其意之所在之物而实为之，无有乎不尽。于其良知所知之恶者，即 其意之所在之物而实去之，无有乎不尽。然后物无不格，吾良知之所知者，无有亏缺障蔽，而得以极其至矣。夫然后吾心快然无复余憾而自谦矣，夫然后意之所发者，始无自欺而可

　　　　　　　　　　　　王阳明传

以谓之诚矣。故曰："物格而后知至，知至而后意诚，意诚而后心正，心正而后身修。"

这篇文字是阳明征思田临动身时写出来面授钱德洪的，可算得他平生论学的绝笔。学者但把全文仔细解释，便可以彻底了解他学问的全部真想了。简单说，根据"身心意知物只是一物"的哲学理论，归结到"格致正修只是一事"的实践法门，这便是阳明学的全体大用。他又曾说："君子之学，诚意而已矣，格物致知者，诚意之功也。"（《答王夫之书》）。以诚意为全部学问之归宿点，而致良知为其下手之必要条件。由此言之，知行之决为一事而非两事，不辩自明了。

最当为注意者，尤在其所言格物功夫，耳食者流，动辄以阳明学派玄虚，为顿悟，为排斥知识，为脱略实务，此在王学末流，诚不免此弊，然而阳明本旨绝不如是也。阳明常言："格物者其用力实可见之地。"（《答罗整庵书》）盖舍此则别无用力之可见矣。陆象川教人专在人情事变上做功夫，阳明亦说，除了人情事变则无事矣。（《传习录陆澄记》）又说："若离了事物为学，却是着空。"（《传习录陈九川记》）他在滁州时，虽亦曾沿用旧法，教人静坐，晚年却不以为然。他说，人须在事上磨练做功夫乃有益，若止好静，遇事便乱，终无长进，那静时功夫，似收敛而实放溺也。"（《传习录陈九川记》）

又说：

"徒知养静而不用克己功夫，临事便要倾倒，人须在事上磨练方立得住，方能静亦定，动亦定。"（《传习录陆澄记》）

有人拿孟子"必有事焉而勿忘勿助长"那段话问他，他答道：

"我此间讲学，只说个必有事焉，不说'勿忘勿助'……不着实去'必有事'上用功，终日凭空去做个'勿忘'，有凭空去做个'勿助'，莽莽荡荡，全无着实下手处，究竟功夫只做个沉空守寂，学成一个痴呆汉，才遇些子事来，即便牵滞纷扰，不复能经纶宰制。此皆有志之士，而乃使之劳苦缠缚，耽搁一生，皆由学术误人，甚可悯矣。"（《答聂文蔚书》）

后来颜习斋痛斥主静之说，说是死的学问，是懒人的学问。这些话有无过火之处，且不必深论。若认他骂得很对，也只骂得着周濂溪李延年，骂得着程伊川朱晦庵乃至陈白沙，却骂不着阳明。阳明说"好静只是放溺"，说"沉空守寂会学成痴呆"，而痛惜于"学术误人"。凡习斋所说的，阳明都早已说过了。至其所说"必待入口然后知味之美恶，必待身亲履历然后知道路之险夷"前主张知识必由实际经验得来，尤与习斋及近世詹姆士杜威辈所倡实验主义同一口吻。以极端唯心派的人，及其讲到学识方面，不独不高谈主观，而且有偏于纯客观的倾向，浅见者或惊疑其矛盾，殊不知他的心物合一论心理合一论，结果当然要归着此点。为什么呢？他一面说"外吾心而求物理，则无物理"，同时跟着说"遗物理而求吾心，吾心又何物"（见前）。盖在心物合一的前提之下，不独物要靠心乃能存在，心也要靠物乃能存在，心物既是不能分离的东西。然则极端的唯心论，换一方面看，同时也便是极端的唯物论了。他说"心无体，以万物之感应是非为体"，以无的心而做心学，除却向'涉着于物'处用力，更有何法。夫曰"行是知的功夫"，"行是知之成"此正实验主义所凭借以得成立也。

第四章　知行合一与致良知

　　钱德洪王畿所撰阳明年谱，说他三十八岁始以知行合一教学者，五十岁始揭致良知之教（注八）。其实良知二字，阳明早年亦已屡屡提及，不过五十岁始专以此为教耳。他五十五岁时有给邹守益一封信，内中几句话极为有趣，他说："近有乡大夫请某讲学者云："除却良知还有什么说得？"某答曰：'除却良知还有什么说得！'"他晚年真是"开口三句不离本行"，千言万语，都是发挥致良知三字。表面看来，从前说知行合一，后来说致良知，像是变更口号。不错，口号的字句是小有变更，其实内容原只是一样，我们拿知行合一那句话代表阳明学术精神的全部也可以，拿致良知这句话代表阳明学术的全部内容也可以。

　　（注八：与邹守益书云："近来信得致良知三字真圣门正法眼藏，往年尚疑未尽，今自多事以来，只此良知，无不具足。譬之操舟得舵，平澜浅濑，无不如意，虽遇颠风逆浪，舵柄在手，可免没溺之患矣。"案此书是正德十六年在南昌所发，时阳明五十岁，平宸濠之次年也。）

　　"致良知"这句话，是把孟子里"人之所以不学而知者其良知知也"和大学里"致知在格物"那两句话联络而成。阳明自下解说道："孟子云："是非之心，智也。"是非之心，人皆有之，即所谓良知也。孰无是良知乎？但不能致之耳。易谓知至至之？知至者，知也；至之者，致知也，此知行之所以一也。近世格物致知之说，只一知字尚未有下落，若致字功夫，全不曾道著矣。此知行之所以二也。"（《与陆元静第二书》）观此可知致良知正所以为知行合一，内容完全一样，所以改用此口号者，取其意义格外明显而已。

"致良知"这句话，后来王门弟子说得太玄妙了，几乎令人无从捉摸。其实阳明本意是平平实实的，并不含有若何玄学的色彩，试读前章所引大学问中解释致知那段话，便可以了然。阳明自己把他变成几句口诀——即有名的"四句教"，所谓：

"无善无恶心之体，有善有恶意之动，知善知恶为良知，为善去恶是格物。"（《见王畿天泉证道记》）（注九）

（注九：后来刘畿山黄梨洲都不信四句教，疑是王龙溪造谣言。我们尊重龙溪人格，实不敢附和此说。况且天泉证道时，有钱绪山在一块。这段话摘入传习录，传习录经绪山手定，有嘉靖丙辰跋语，其时阳明没已久了，若非师门遗说，绪山如何肯承认？畿山门所疑者，不过因无善无恶四字，不知善之名对恶而始立，心体既无恶，当然也无善，何足为疑呢？）

良知能善能恶，致的功夫即是就意所涉着之事物实行为善去恶。这种工作，虽愚夫愚妇，要做便做，但实行做到圆满，虽大贤也恐怕不容易。所以这种学问，可以说是极平庸，也可以说是极奇特。刘蕺山引系辞中孔子赞美颜子的话来作注脚，说道："有不善未尝不知，良知也。知之未尝复行，致良知也"。阳明亦曾拿大学的话来说："所恶于上"是良知，"毋以使下"是致良知（《传习录下》）。致良知最简易的解释，不过如此。

大学说："所谓诚其意者，毋自欺也。"阳明既认致知为诚意的功夫，所以最爱用"不欺良知"这句话来作致知的解释，他说：

"尔那一点良知，是尔自家的准则。尔意念着处，他是便知是，非便知非，更瞒他一些不得。尔只不要欺他，实实落落依着他做去，善便存，恶便去，何等稳当快乐。"（《传习录答陆九川问》）

拿现在的话说，只是绝对的服从良心命令便是。然则为什么不言良心，而言良知呢？因为心包含意与知两部分，意不必良，而知无不良。阳明说："凡应物起念处皆谓之意，意则有是有非。能知得意之是与非者则谓之良知。依得良知即无有不是。"（《答魏师说书》）所以"良知是你的明师"（《传习录上》）。关于这一点，阳明总算把性善论者，随便举一个例子都可以反驳倒我们。但是本能的发动虽有对有不对，然而某件事对某件事不对，我们总会觉得。就"会觉得"这一点看，就是"人之所以异于禽兽"，就是"人皆可以为尧舜"的一副本钱，所以孟子说良知良能，而阳明单提知的方面代表良心之全部。说："良知者心之本体。"（《答陆元静书》）

"有善有恶意之动"意或动于善或动于恶谁也不能免，几乎可以说没有自由。假使根本没有个良知在那里指导，那么我们的行为便和下等动物一样，全由本能冲动，说不上有责任，然而实际上绝不如此。"良知在人，随你如何，不能泯灭，虽盗贼亦自知不当为盗。唤他做贼，他还忸怩。"（《传习录陈九川记》）"良知之在人心，无关于圣愚，天下古今之所用也。"（《答聂文蔚书》）"凡意念之发，吾心之良知无有不自知者。其善欤，惟吾良知自知之；其恶欤，亦惟吾良知自知之。"（《大学问》）"此两字人人所自有，故虽至愚下品，一提便省觉。"（《答聂文蔚第三书》）既有知善知恶之良知，则选择善恶，当然属于我的自有。良知是常命令我选择善的，于是为善去恶，便成为我对于我的良知所应负之责任。人类行为所以有价值，全在这一点。

良知虽人人同有，然其明觉的程度不同，所以要下'致'的功夫。"圣人之知，如青天之日；贤人之知，如浮云天日；愚人如阴霾天日，虽有昏明不同，其能辨黑白则一。虽昏黑夜里，亦影影见得黑白，就是日之余光未尽处。困学功夫，只从这一点明处精察去。"（《传习录黄修易记》）有人对阳明自叹道："私意萌时，分明自知得，只是不能使他即去。"阳明道："你萌时这一'知'，便是你的命根，当下即把那私意消除去，便是立命功夫。"（《传习录黄修易记》）假使并这一点明处而无之，那真无法可想了。然而实际上绝不如此，无论如何昏恶的人，最少也知道杀人是不好。只要能知道杀人不好，"充其无欲害人之心，而仁不可胜用矣。"最少也知道偷人东西时不好，只要能知道偷东西不好，充其无欲穿窍之心，而义不可胜用矣。"所以说，"这一知是命根。"抓着这命根往前致，由阴霾天的日致出个浮云的日来，由浮云天的日致出个青天的日来，愚人便会摇身一变变成贤人，摇身再变变成圣人了。所以阳明说："人若知这良知诀窍，随他多少邪思枉念，这里一觉，都自消融，真个是灵丹一粒点铁成金。"（《传习录陈九川记》）利用这一觉，致良知功夫便得着把柄入手了。他又说："杀人须在咽喉着刀，吾人为学当从心体入微处用力。自然笃实光辉，私欲之萌，真是洪炉点雪，天下之大本立矣。"（《答黄宗贤书》）专就"这一点明处往前致，致到通体光明，如青天之日，便有'洪炉点雪'气象，便是致良知功夫成熟"。

我们最当注意者，利用那一觉，固然是入手时最简捷的法门，然并非专恃此一觉便了。后来王学末流，专喜欢讲此一觉，所以刘蕺山斥他们，说道："后儒喜言觉，谓一觉无余事，即知即行……"殊不知主张一觉无余事者，不知不觉间已堕于"知而不行只是不知"，恰与阳明本意违反了。当时已有人疑阳明"立说太高，用功太捷，未免堕禅宗顿悟之机"。阳明答道："区区格致诚正之说，是就学者本心日用事为间，体究践履，实地用功，是多少次第、多少积累在，正与空虚顿悟之说相反。"（《答顾东桥书》）所以致良知功夫，说易固易，说难却又真难。当时有学者自以为能致知，阳明教训他道："何言之易也，再用功半年看如何，又用功一年看如何，功夫愈久愈觉不同，此难口说。"(《传习录陈九川记》）晚明治王学的人，喜欢说"现成良知"，轻轻把致字抹煞，全不是阳明本意了。

致良知功夫是要无间断的，且要十分刻苦的。方才引的"私欲萌时那一知"要抓着做个命根，固也。但并非除却那时节便无所用力。阳明说："譬之病疟之人，虽有时不发，而病根不会除，则亦不得谓之无病。"(《欧阳原静书》）

"所以省察克治之功，无时而可间，如去盗贼，须有个扫除廓清之意。无事时，将好色好货好名等私，逐一追究搜寻出来，定要拔去病根，永不复起，方始为快。常如猫之捕鼠，一眼看着，一耳听着，才有一念萌动，即兴克去，斩钉截铁，不可姑容与他方便，不可窝藏，不可放他出路，方是真真用功，方能扫除廓清。"(《传习录陆澄记》）他在赣南剿土匪时候寄信给他的朋友有两句有名的话，"去山中贼易，去心中贼难。"可见得这一个'致'字，内中含有多少扎硬寨打死仗的功夫，绝非"一觉无余事"了。

阳明尝自述其用力甘苦，说道："……毫厘之差，乃致千里之缪，非诚有求为圣人之志而从事于惟精惟一之学者，莫能得其受病之源而发其神奸之所由伏也。若某之不肖，盖亦尝陷溺于其间者几年，怅怅然既自以为是矣，赖天之灵，偶有悟于良知之学，然后悔其向之所为者，固包藏祸机作伪于外而心劳日拙者也，十余年来虽痛自洗剔创艾，而病根深固，萌叶时生，所幸良知在我，拣得其要，譬犹舟之得舵，虽惊风巨浪，颠沛不无，尚犹得免于倾覆者也。夫旧习之溺人，虽已觉悔悟，而克治之功，尚且其难如此，又况溺而不悟日益以深者，亦将何所抵极乎。"（《与邓谦之书》）读这段话，不能不令人悚然汗下。以我们所见的阳明，学养纯粹，巍然为百世宗师。然据他的自省，则有"神奸攸伏"，"作伪于外，心劳日拙"种种大病，用了十几年洗剔功夫，尚且萌叶时生。我们若拿来对照自己，真不知何地自容了（注十）。据此，可知致良知功夫，全以毋自欺为关键，把良知当作严明的裁判官，自己常像到法庭一般，丝毫不敢掩饰，方有得力处。最妙者裁判官不是别人，却是自己，要欺也欺不得，徒然惹自己苦痛。依着他便如舟之得舵，虽惊涛骇浪中，得有自卫的把握而泰然安稳。结果得看"自慊"——自己满足，致良知功夫所以虽极艰难而仍极简易者在此。

（注十：阳明卒时五十八，寄邓谦之书是他五十五岁写的，读此可见其刻苦用功，死而后已。）

讲到这里，我们要提出紧急动议讨论一个问题，阳明说："良知是我们的明师，他是便知是，非便知非，判断下来绝不会错。"这话靠得住吗？我们常常看见有一件事，甲乙两个人对于他同时下相反的判断，而皆自以为本于自己的良知。或一个人对于某件事，前后判断不同，而皆以为本良知。不能两是，必有一非，到底那个良知是真呢？况且凡是非之辩所由起，必其

　　　　　　　　　　　　　　王阳明传

之性质本介于两可之间者也，今若仅恃主观的良知以下判断，能够不陷于武断之弊？后来戴东原说宋儒以"意见"为理，何以见得阳明所谓良知不是各个人的"意见"呢？这是良知说能否成立之根本问题，我们要看阳明怎么的解答。

第一，须知阳明所谓知是知非者，其实只是知善知恶（他拿是非来说不过为孟子"是非之心，人皆有之"那句话作注释）。善恶的标准，虽然也不是绝对的，但已不至如是非之疑似难辨。最少如"无欲害人"，"无欲穿窬"之类几项基本标准总是有的，从良知所见到这一点致出去，总不会错。或问阳明："人心所知，多有认贼做子处，何处乃见良知。"阳明反问："尔以为何如？"答："心所安处便是良知。"阳明道："固是，但须省察，恐有非所安而安者。"（《传习录陆澄记》）凡事就此心所安处做去，最少总可以得自慊——自己满足的结果。

第二，所谓武断或意见者，主张直觉说的人最易犯此病。阳明的致良知，骤看很像纯任直觉。其实不然，他以格物为致知的功夫，说："欲致其良知，非影响恍惚悬空无实之谓，必实有其事。"（《大学问》）说要"在事上磨练"（《传习录陆澄记》）。说："除却见闻，酬酢无良知可致。"（《答顾东桥书》）所以关于判断事理的知识，阳明却是主张经验论，并不主直觉论。有人问："知识不长进如何？"他答道："为学须有本原，须从本原上用力，渐渐盈科而进。仙家说婴儿亦善，譬婴儿在母腹时，只是纯气，有何知识？出胎后，方始能啼，既而后能笑，又既而后能认识其父母兄弟，又既而后能立，能行，能持，能负。卒乃天下之事，无不可能。皆是精气日足，则筋力日强，聪明日开，不是出胎日便讲求推寻得来。"（《传习录陆澄记》）他不认知识为能凌空笼统的一起得着，而认为要由后天的经验，一步一步增长起来。然则戴东原所谓"理与事分为二而与意见合为一"者（《孟子字义疏证卷上》），在朱学或有此病，在王学决不然。阳明又说："我辈致知，知识各随分限所及，今日良知见是如此，只随今日所知扩充到底，明日良知又有开悟，便从明日所知扩充到底，如此方是精一功夫。"（《传习录黄直记》）由此言之，良知并不是一成不变，实是跟着经验来天天长进，不过用功要有一个头脑，一切只是都从良知发生出来，才不至散而无纪罢了。阳明又说："如人生路一般，走得一段，方认得一段，走到歧路处，有疑问便问，问了又走，方能到得欲到之地……只管愁不能尽知，只管多讲何意。"（《传习录陆澄记》）朱子说的"即物穷理之后一旦豁然贯通则众物表里精粗无不到……"那种做学问法，诚不免有认意见为理的危险。若阳明则全不是这种路数，他说："并不是本体明后便于天下物便都知得都做得。天下事物如名物度数草木鸟兽之类，虽圣人亦何能尽知？但不必知的，圣人自不消求知，其所当知的，圣人自能问人。如'子入太庙每事问'之类……"（《传习录黄直记》）致良知功夫，只是对于某件事应做不应做，求得一个定盘针。决定应做之后，该如何做法，跟着有多少学问思辨工作在里头，而这些工作，却要用客观的经验的不是靠主观的直觉的，这便是阳明本旨。

至于事理是非介在疑似两可之间者，决定应做与否，诚然不能不凭良知一时之直觉。阳明以为我们平日用功，不必以此等例外的事理为标准，而且欲对于此等事应付不误，只有把良知摩擦得晶莹，存养得纯熟，然后遇事乃得其用。有人问他："道之大端，易于明白，所谓良知良能，愚夫愚妇可与及者。至于节目时变之详，毫厘千里之缪，必待学而后知。今语孝于温清定省，孰不知之。至于舜之不告而娶，武之不葬而兴师，养志、养口、小杖、大杖、割股、庐墓等事，处常处变，过与不及之间，必须讨论是非，以为制事之本。"阳明答道："道之大端易于明白，此语诚然。顾后之学者忽其易于明白者而弗由，而求其难于明白者以为学，此其所以"道在迩而求诸远，事在易而求诸难"也。孟子云："夫道若大路然，岂难知哉？人病不由耳。"良知良能，愚夫愚妇与圣人同。但唯圣人能致其良知，而愚夫愚妇不能致，此圣愚之所由分也。节目时变，圣人夫岂不知，但不专以此为学。而其所谓学者，正唯致其良知，以精审此心之天理，而与后世之学不同耳。吾子未暇良知之致，而汲汲焉顾是之忧，此正求其难于明白者以为学之弊也。夫良知之于节目时变，犹规矩尺度之于方圆长短也。节目时变之不可预定，犹方圆长短之不可胜穷也。故规矩诚立，则不可欺以方圆，而天下之方圆不可胜用矣；尺度诚陈，则不可欺以长短，而天下之长短不可胜用矣；良知诚致，则不可欺以节目时变，而天下之节目时变不可胜应矣。毫厘千里之缪，不于吾心良知一念之微而察之，亦将何所用其学乎？是不以规矩而欲定天下之方圆，不以尺度而欲尽天下之长短，吾见其乖张谬戾，日劳而无成也已。吾子谓语孝于温清定省，孰不知之。然而能致其知者鲜矣。若谓粗知温清定省之仪节，而遂谓之能致其知，则凡知君之当仁者，皆可谓之能致其仁之知，知臣之当忠者，皆可谓之能致其忠之知，则天下孰非致知者邪？以是而言可以知致知之必在于行，而不行之不可以为致知也，明矣。知行合一之体，不益较然矣乎？夫舜之不告而娶，岂舜之前已有不告而娶者为之准则，故舜得以考之何典，问诸何人，而为此邪？抑亦求诸其心一念之良知，权轻重之宜，不得已而为此邪？武之不葬而兴师，岂武之前已有不葬而兴师者为之准则，故武得以考之何典，问诸何人，而为此邪？抑示求诸其心一念之良知，权轻重之宜，不得已而为此邪？使舜之心而非诚于为无后，武之心而非诚于为救民，则其不告而娶与不葬而兴师，乃不忠不孝之大者。而后之人不务致其良知，以精察义理于些心感应酬酢之间，顾欲悬空讨论此等变常之事，执之以为制事之本，以求临事之无失，其亦远矣。(《答顾东桥问》) 这段话在实践道德学上含有重大的意味。善恶的标准，有一部分是绝对的，有一部分是相对的。相对的那部分，或甲时代与乙时代不同，或甲社会与乙社会不同，或同一时代社会因各个人所处的地位而不同，这种

　　　　　　　　　　　　　王阳明传

临时临事的判断，真是不能考诸何典问诸何人。除却凭主观的一念良知之直觉以权轻重之宜，没有别的办法。然则我们欲对于此等临事无矢，除却平日下功夫把良知磨得雪亮，预备用得着直觉时，所直觉者不致错误，此外又更有何法呢？

第三，一般人所判断的是非善恶，自命为本于良知者，然而往往会陷于错误。这是常见的事，阳明亦承认，但阳明以为这绝不是良知本身的缺点，不过没有实下'致'的功夫，以致良知被锢蔽而失其作用耳。他说："事物之来，但尽吾心之良知以应之，所谓'忠恕达道不远'矣，凡处得有未善及有困顿失次之患者，皆是牵于毁誉得失，不能实致其良知耳。若能实致其良知，然后见得平日所谓善者，未必是善，所谓未善者却恐正是牵于毁誉得失，不能实致其良知耳。若能实致其良知，然后见得平日所谓善者未必是善，所谓未善者却恐正是牵于毁誉得失而自贼其良知者也。"（《答周道通书》）俗语说得好："旁观者清，当局者迷。"同是一个人，同是那良知，何以观察旁人很清醒，自己当局便糊涂起来呢？因为一到当局便免不了得失或毁誉等等顾忌。譬如讨论一个工厂法案，某甲属于劳动阶级，主张便如此，某乙属于资本阶级或想利用资本阶级，主张便如此。虽各各昌言到我本我良知的主张，其实他的良知已经被得失之见缠蔽了。纵使不属那阶级亦不想利用那阶级，然而看见哪一种时髦的主张便跟着主张去，或者从前主张错了，而护短不欲改口，他的良知已经被毁誉之见缠蔽了。此外或因一时情感冲动，或因事实牵扯，令良知失其作用者原因甚多。总而言之，以自己为本位，便有一种"我的成见"横亘胸中，便是以为良知之贼，这类东西，阳明统名之曰"私欲"。致良知功夫，最要紧是把这些私欲划除净尽，假使一个人他虽然属于劳动阶级或资本阶级，但他并不以本身利害为本位，纯采第三者的态度，由当局而抽身出来像旁观者一样，而且并不要讨好于任何部分人，不要任何部分人恭维他，赤裸裸的真，信凭他的良知来判断这个工场法案，那么我们敢保他下的判断，一定是"忠恕达道不远"了，致良知的实在功夫，便是如此。

阳明在江西时候，有一属官，常来旁听讲学。私下对人说："可惜我为薄书讼狱所困，不得为学。"阳明听见了，告诉他道："我何尝教尔离了薄书讼狱，悬空去讲学？尔既有官司之事，便从官司的事上为学，才是真格物。如问一词讼，不可因其应对无状，起个怒心；不可因他言语圆转，生个喜心；不可恶其嘱托，加意治之；不可因其请求，屈意从之；不可因自己事务烦冗，随意苟且断之；不可因旁人谮毁罗织，随人意思处之：这许多意思皆私，只尔自知，须精细省察克治，唯恐此心有一毫偏倚，杜人是非，这便是格物致知。薄书讼狱之间，无非实学；若离了事物为学，却是著空。"（《传习录陈惟濬记》）据这段话所教训，可见得我们为什么判断事理会有错呢？都不外被"私的意见"蒙蔽着，只要把这种种"私"克去，自然会谧空衡平，一切事理到跟前，都能看得真切。程明道所谓"廓然而大公物

来而顺应"正是这种境界。拿现在的话来讲，只要纯采客观态度，不掺杂丝毫主观的成见及计较，那便没有不清楚的事理。（注十一）

（注十一：这段话还给我们一种重大教训，就是令我们知道修养功夫，并不消把日常应做的事搁下一边另起炉灶去做。譬如一个学生，不说我现在学校功课太忙，没有时候去致良知。你在课堂上听讲，在图书馆里念书，便可以从听讲念书上头致你的良知。念一部书，完全为研求书中道理，不是想抄袭来完成毕业论文，不是要摘拾几句来口耳来出风头。读时不草率，不曲辨，批评时不关意气……诸如此类，就是读书时致良知功夫。传习录中尚有答人问读书一段云："且如读书时，良知知得强记之心不是，即克去之；有欲速之心不是，即克去之；有夸多斗靡之心不是，即克去之。如此亦只是终日与圣贤印对，是个纯乎天理之心。任他读书，亦只是调摄此心而已，何累之有？"）

讲到这里，"图穷而匕首见"不能不提出阳明学派最主要一个关键，曰"义利之辨"。昔朱晦庵请陆象山在白鹿洞书院讲演，象山讲论语"君子喻于义，小人喻于利"那一章，晦庵听了大感动，天气微暖，而汗出挥扇。阳明继承象山学派，所以陆王之学，彻头彻尾只是立志辨义利。阳明以为，良知唯一的仇敌是功利主义，不把这个病根拔去，一切学问无从做起。他所著有名的拔本塞源论，关于此警告说得最沉痛。今录如下：

夫拔本塞源之论不明于天下，则天下之学圣人者，将日繁日难，斯人沦于禽兽夷狄，而犹自以为圣人之学。吾之说虽或暂明于一时，终将冻解于西而冰坚于东，雾释于前而云滃于后，呶呶焉危困以死，而卒无救于天下之分毫也已。夫圣人之心，以天地万物为一体，其视天下之人，无外内远近。凡有血气，皆其昆弟赤子之亲，莫不欲安全而教养之，以遂其万物一体之念。天下之人心，其始亦非有异于圣人也，特其间于有我之私，隔于物欲之蔽，大者以小，通者以塞。人各有心，至有视其父、子、兄、弟如仇雠者。圣人有忧之，是以推其天地万物一体之仁以教天下，使之皆有以克其私，去其蔽，以复其心体之同然。其教之大端，则尧、舜、禹之相授受，所谓"道心惟微，唯精唯一，允执厥中"。而其节目，则舜之命契，所谓"父子有亲，君臣有义，夫妇有别，长幼有序，朋友有信"五者而已。唐、虞、三代之世，教者唯以此为教，而学者唯以此为学。当是之时，人无异见，家无异习，安此者谓之圣，勉此者谓之贤，而背此者，虽其启明如朱，亦谓之不肖。下至闾井田野，农、工、商、贾之贱，莫不皆有是学，而唯以成其德行为务。何者？无有闻见之杂，记诵之烦，辞章之靡滥，功利之驰逐，而但使孝其亲，弟其长，信其朋友，以复其心体之同然。是盖性分之所固有，而非有假于外者，则人亦孰不能之乎？学校之中，唯以成德为事。而才能之异，或有长于礼乐，长于政教，长于水土播植者，则就其成德，而因使益精其能于学校之中。迨夫举德

王阳明传

而任，则使之终身居其职而不易。用之者唯知同心一德，以共安天下之民，视才之称否，而不以崇卑为轻重，劳逸为美恶。效用者亦唯知同心一德，以共安天下之民，苟当其能，则终身处于烦剧而不以为劳，安于卑琐而不以为贱。当是之时，天下之人熙熙皞皞，皆相视如一家之亲。其才质之下者，则安其农、工、商、贾之分，各勤其业，以相生相养，而无有乎希高慕外之心。其才能之异，若皋、夔、稷、契者，则出而各效其能。若一家之务，或营其衣食，或通其有无，或备其器用，集谋并力，以求遂其仰事育之愿，唯恐当其事者之或怠而重己之累也。

故稷勤其稼，而不耻其不知教，视契之善教，即己之善教也；夔司其乐，而不耻于明礼，视夷之通礼，即己之通礼也。盖其心学纯明，而有以全其万物一体之仁。故其精神流贯，志气通达，而无有乎人己之分，物我之间。譬之一人之身，目视、耳听、手持、足行，以济一身之用。目不耻其无聪，而耳之所涉，目必营焉。足不耻其无执，而手之所探，足必前焉。盖其元气充周，血脉条畅，是以痒疴呼吸，感触神应，有不言而喻之妙。此圣人之学所以至易至简，易知易从，学易能而才易成者，正以大端唯在复心体之同然，而知识技能非所与论也。

三代之衰，王道熄而霸术昌。孔孟既没，圣学晦而邪说横，教者不复以此为教，而学者不复以此为学。霸者之徒，窃取先王之近似者，假之于外以内济其私己之欲，天下靡然而宗之，圣人之道遂以芜塞。相仿相效，日求所以富强之说，倾诈之谋，攻伐之计。一切欺天罔人，苟一时之得，以猎取声利之术，若管、商、苏、张之属者，至不可名数。既其久也，斗争劫夺，不胜其祸，斯人沦于禽兽夷狄，而霸术亦有所不能行矣。世之儒者慨然悲伤，蒐猎先圣王之典章法制，而掇拾修补于煨烬之余，盖其为心，良亦欲以抚回以先王之道。圣学既远，霸术之传，积渍已深，虽在贤知，皆不免于习染，其所以讲明修饰，以求宣畅光复于世者，仅足以增霸者之藩篱，而圣学之门墙，遂不复可睹。于是乎有训诂之学，而传之以为名；有记诵之学，而言之以为博；有词章之学，而侈之以为丽。若是者，纷纷籍籍，群起角立于天下，又不知其几家。万径千蹊，莫知所适。世之学者如入百戏之场，戏谑跳踉，聘奇斗巧，献笑争妍者，四面而竞出，前瞻后盼，应接不遑，而耳目眩瞀，精神恍惑，日夜遨游淹息其间，如病狂丧心之人，莫自知其家业之所归。时君世主亦皆昏迷颠倒于其说，而终身从事于无用之虚文，莫自知其所谓。间有觉其空疏谬妄，支离牵滞，而卓然自奋，欲以见诸行事之实者，极其所抵，亦不过为富强功利，五霸之事业而止。圣人之学日远日晦，而功利之习愈趋愈下。其间虽尝瞽惑于佛老，而佛老之说卒亦未能有以胜其功利之心。虽又尝折衷于群儒，而群儒之论终亦未能有以破其功利之见。盖至于今，功利之毒沦浃于人之心髓，而习以成性也，几千年矣。相矜以知，相轧以势，相争以利，相高以技能，相取以声誉。其出而仕也，理钱谷者则欲兼夫兵刑，典礼乐者又欲与于

　　　　　　　　　　　王阳明传

铨轴，处郡县则思藩臬之高，居台谏则望宰执之要。故不能其事则不得以兼其官，不通其说则不可以要其誉。记诵之广，适以长其敖也；知识之多，适以行其恶也；闻见之博，适以肆其辨也；辞章之富，适以饰其伪也。是以皋、夔、稷、契所不能兼之事，而今之初学小生皆欲通其说，究其术。其称名僭号，未尝不曰吾欲以共成天下之务，而其诚心实意之所在，以为不如是则无以济其私而满其欲也。呜呼，以若是之积染，以若是之心志，而又讲之以若是之学术，宜其闻吾圣人之教，而视之以为赘疣枘凿；则其以良知为未足，而谓圣人之学为无所用，亦其势有所必至矣！

　　功利两个字，在今世已成为哲学上一种主义——最时髦的学派。我们生今日而讲"非功利"，一般人听了何只"以为赘疣枘凿"，一定当作妖怪了。虽然，须知阳明之"非功利"并不是教人不做事，也不是叫人做事不要成功，更不是把人生乐利幸福一概抹杀。这些话无须多辨，只把阳明一生替国家替地方人民所做的事业点检一下当然可以得着绝好的反证。然则他所非的功利是什么呢？是各个人自私自利——以自己利益为本位那种念头。详细点说，凡专求满足自己的肉欲，如食膏粱衣文绣宫室之美妻妾之奉等等以及满足肉欲起见而发生的财货欲，更进而追求满足自己的权势欲，求满足自己的虚荣欲，凡此之类，阳明统名之为私欲——即功利，认为一切罪恶之根原。"知善知恶为良知，为善去恶是格物”，所谓善恶者以何为标准呢？凡做一事，发一念，其动机是否出于自私自利，即善恶之唯一标准。良知所知之善恶，就只知这一点，而且这一点，除自己的良知之外，没有别人或别的方法能知得真切确实的。然则这种标准对吗？我想完全是对的，试观凡人类的罪恶，小而自家庭细故，所谓“借父耰鉏，虑有德色；母取箕帚，立而谇语”，大而至于奸淫劫盗杀人放火，哪件不是从自私自利之一念发出来。其甚者为权势欲为虚荣欲所驱使“一将功成万骨枯”，不惜举千千万万人生命以殉所谓英雄豪杰者一念中不可告人之隐，然且有奇袭之学说以为之推波助澜。例如尼采辈所崇拜之“超人”的生活，主张利用民器，以他人做牺牲品为自己成功之工具，谓为所当然。阳明所谓“以若是之心志而又讲之以若是之学术”把人类兽性方面的本能尽情发挥，安得不率天下为禽兽呢？阳明痛心疾首于此种祸机，所以不能倡良知之教，他说：

“后世良知之学不明，天下之人用其私智以相比轧，是以人各有心，而偏琐僻陋之见，狡伪阴邪之术，至于不可胜说；外假仁义之名，而内以行其自私自利之实，诡辞以阿俗，矫行以干誉，掩人之善而袭以为己长，讦人之私而窃以为己直，忿以相胜而犹谓之徇义，险以相倾而犹谓之疾恶，妒贤忌能而犹自以为公是非，恣情纵欲而犹自以为同好恶，相陵相贼，自其一家骨肉之亲，已不能无尔我胜负之意，彼此藩篱之形，而况于天下之大，民物之众，又何能一体而视之？则无怪于纷纷籍籍，而祸乱相寻于无穷矣！诚赖天之灵，偶有见于良知之学，以为必由此而后天下可得而治。是以每念斯民之陷溺，则为戚然痛心，忘其身之不肖，而思以此救之……"（《答聂文蔚书》）

这段话真是一字一泪，阳明所以极力反对功利主义，所以极力提倡致良知，他那一片婆心，合盘托出给我们看了，我们若还相信这些话有相当价值，总可以感觉到。这种专以自己为本位的人，学问少点，才具短点，作恶的程度也可以减轻点，若再加之以学问才具，天下人受其荼毒更不知所底极了。然而天下事到底是要靠有学问才具的人去做的。倘使有学问有才具的人不能再自己心术上痛切下一番革命功夫，则这些人都是为天下造孽的人。天下的罪恶祸乱，一定相寻于无已。所以阳明对于当时的青年痛切警告道：

"今天下事劳，如沉疴积痿，所望以起死回生者，实有在于诸君子，若自己病痛未能除得，何以能疗天下之病。"（《与黄宗贤书》）

当时一青年有自是好名之病，阳明屡屡责备他道："此是汝一生大病根。譬如方丈地内，种此一大树，雨露之滋，土脉之力，只滋养得这个大根。四旁纵要种些嘉谷，上面被此树树叶遮覆，下面被此树根盘结，如何生长的成？须用伐去此树，纤根勿留，方可种植嘉种。不然，任汝耕耘培壅，只是滋养得此根。"（《传习录陆澄记》）好名也是促进青年向上一种动机，阳明何故深恶痛绝到如此。因为好名心也是从自私自利出来，充这个念头所极，可以种种作伪，种种牺牲别人以为自己，所以真真做学问的人，非从这种罪恶根芽上廓清不可。

欲廓清自私自利念头，除却致良知没有第二法门。因为心术隐微，只有自己的良知方能照察得出，阳明说："人若不于此独知之处用力，只在人所共知处用功，便是作伪，便是'见君子而后厌然'。此独知处便是诚的萌芽，以处不论善念恶念，更无虚假一是百是，一错百错，正是义利诚伪善恶界头。于此一立立定，便是正本澄源，古人为学功夫精神命脉全体，只在此处。"（《传习录上》）所以他又说："慎独即是致良知。"（《与黄勉之书》）

这样说来，致良知切实下手功夫，是不是专在消极的克己作用呢？不错，克己是致良知重要条件，但不能认克己为消极作用。阳明说："人须有为己之心方能克己，能克己方能成己。"（《传习录答箫惠文》）这句话又怎样解呢？我们想彻底了解他，要回复到他的心物合一论之哲学上见解来。阳明因为确信心外无物物外无心，灼然见得身外之人们及天地万物们都是"真我"或"大我"的构成要素。因此得着"物我同体"的结论，前文已经说过了。既已如此，然则自私自利之心，强把人我分为两体，岂不是我的"真我"罹了车裂之刑吗？所以他说："这心之本体，便是你的真己。你若真要为那尔体的己，也须用着这个真己，便须要常常保护这真己的本体。有一毫污损他，便如刀割，如针刺，忍耐不过，必须去了刀，拔了针，才是为己之心，方能克己。"(《传习录答箫惠文》）因此之故，克己功夫，非惟用不着强制执行，或者还可以说发于本能之不容自己，所以他说道："故凡慕富贵、忧贫贱、欣戚得丧、爱憎取舍之类，皆足以蔽吾聪明睿知之体，而窒吾源泉时出之用。若此者，如明目之而翳之以尘沙，聪耳之中而塞之以木楔也。其疾痛逆郁，将必速去之为快，而何能忍于时刻乎？"(《答南元善书》）克己本是一件极难的事，然而"见得良知亲切时，其功夫又自太难"（《与黄宗贤书》）。所谓见得亲切的是个什么？就是见出那物我为一痛痒相关的本体。这些话骤听着像是大言欺人，其实只是人生习见的事。例如慈母对于她的乳儿，青年男女对于他的恋人，那种痛痒一体的意思何等亲切，几会见有对于自己的恋人而肯耍手段顽把戏牺牲他的利益以谋自利者。假使有这种念头偶然涌起，一定自己觉得伤害爱情神圣的本体，立刻感深切的苦痛，像目中尘耳中楔一般，必拭去拔去而后为快，是不是呢？但这种境界，在一般人只有慈母对乳儿恋人对恋人才能发现，若大圣大贤，把天下国家看成他的乳儿，把一切人类看成他的恋人，其痛痒一体之不能自己，又何足怪。阳明以为人类的本性原是如此，所有"间形骸而分尔我"者，都不过良知受蔽隔而失其作用。"致"的功夫，只是把良知麻木过去那部分打些药针，令其恢复原状，一旦恢复之后，物我一体的感觉自然十分灵敏，哪里容得丝毫间隔，下手功夫又何难之有呢？所以大学说："如恶恶臭如好好色。"而阳明亦最喜欢引以为喻，他说："从未见有过见好色的人要人强逼着才肯去爱的。"（约传习录语）又说："好色之人，未尝有痛于困忘者，只是一真切耳。"（《启问道通书》）由此观之，可见在致良知这个口号底下所用克己功夫，是积极的而非消极的了。

良知本体与功利主义之分别，孟子说得最明白："凡人乍见孺子将入于井，皆有怵惕恻隐之心，非所以纳交于孺子之父母也，非所以要誉于乡党朋友也，非恶其声而然也。"乍见的恻隐，便是良知本体。纳交要誉恶其声等等杂念，便是得丧毁誉关系，便是功利。致良知功夫，最要紧是"非所以什么非所以什么"，换句话说，一切行为，都是目的，不是手段，阳明说：

"君子之学，求尽吾心焉尔。故其事亲也，求尽吾心之孝，而非以为孝也；事君也，求尽吾心之忠，而非以为忠也。是故夙兴夜寐，非以为勤也；蒌崩砭纾非以为能也；嫉邪祛蠹，非以为刚也；规切谏诤，非以为直也；临难死义，非以为节也。吾心有不尽焉，是谓自欺其心；心尽而后，吾之心始自以为快也。惟夫求以自快吾心，故凡富贵贫贱、忧戚患难之来，莫非吾所以致知求快之地。苟富贵贫贱、忧戚患难而莫非吾致知求快之地，则亦宁有所谓富贵贫贱、忧戚患难者足以动其中哉？世之人徒知君子之于富贵贫贱、忧戚患难无人而不自得也，而皆以为独能人之所不可及，不知君子之求以自快其心而已矣。"（《题梦槎奇游诗卷》）

这段话是"如恶恶臭如好好色此之谓自慊"那几句的祥注。

王阳明传

问为什么要恶恶臭？为什么要好好色？谁也不能说出理由来。只是生理作用，非好好恶恶不能满足罢了。人生数十寒暑，勤勤恳恳乃至忍艰难冒危险去做自己良心上认为应做的事，问为什么，什么都不为，再问，只能答道为良心上的安慰满足。这种人生观，真是在逍遥自在不过的了，真是再亲切有味不过的了。回看功利主义者流，天天以为什么为什么相号召，营营于得丧毁誉，过几十年患得患失日子者，就为有价值，就为无价值，我们可以知所别择了。（注十二）

（注十二：阳明既排斥功利主义，当然也跟着排斥效率主义。他说："圣贤只是为己之学，重功夫不重效验。"（《传习录下》）

以上所述，致良知的全部功夫大概都讲到了。但是不能致良知的人，如何才会致起来呢？阳明以为最要紧是立志，孔子说："为仁由己，而由人乎哉？"又说："我欲仁，斯仁至矣。"阳明接见学者，常以此激劝之，其在龙场示诸生教条四章，首即立志，其在传习录中谆谆言此者不下数十条。其示弟立志说云：

"君子之学，无时无处而不以立志为事。正目而视之，无他见也；倾耳而听之，无他闻也。如猫捕鼠，如鸡覆卵，精神心思凝聚融结，而不复知有其他，然后此志常立，神气精明，义理昭著。一有私欲，即便知觉，自然容住不得矣。故凡一毫私欲之萌，只责此志不立，即私欲便退；听一毫客气之动，只责此志不立，即客气便消除。或怠心生，责此志，即不怠；忽心

生，责此志，即不忽；懊心生，责此志，即不懊；妒心生，责
此志，即不妒；忿心生，责此志，即不忿；贪心生，责此志，
即不贪；傲心生，责此志，即不傲；吝心生，责此志，即不吝。
盖无一息而非立志责志之时，无一事而非立志责志之地。故责
志之功，其于去人欲，有如烈火之燎毛，太阳一出，而魍魉潜
消也。"

志是志个什么呢？阳明说，要志在必为圣人，他的门生箫
惠问学，他说："待汝办个真求为圣人的心来再与汝说。"（《传
习录上》）有一天，几位门生侍坐，阳明叹息道："你们学问不
得长进，只是未立志。"有一位李琪起而对曰："我亦愿立志。"
阳明说："难说不立，未是必为圣人之志耳。"（《传习录下》）这
些话不知现代青年们听了怎么样？我想不是冷笑着以为迂而无
用，便是惊骇着以为高不可攀，其实阳明不肯说迂而无用的话，
也既不肯说高不可攀的话，我们欲了解他的真意，请先看他对
于"圣人"两字所下定义，他说：

"圣人之所以为圣，只是其心纯乎天理而无人欲之杂。犹精
金之所以为精，但以其成色足而无铜铅之杂也。人到纯乎天理
方是圣，金到足色方是精。然圣人之才力，亦有大小不同，犹
金之分两有轻重。尧、舜犹万镒，文王、孔子犹九千镒，禹、
汤、武王犹七、八千镒，伯夷、伊尹犹四、五千镒。才力不同，
而纯乎天理则同，皆可谓之圣人。犹分两虽不同，而足色则同，
皆可谓之精金。以五千镒者而入于万镒之中，其足色同也。以

夷、尹而厕之尧、孔之间，其纯乎天理同也。盖所以为精金者，在足色，而不在分两。所以为圣者，在纯乎天理，而不在才力也。故虽凡人，而肯为学，使此心纯乎天理，则亦可为圣人。犹一两之金，比之万镒，分两虽悬绝，而其到足色处，可以无愧。故曰'人皆可以为尧舜'者以此。学者学圣人，不过是去人欲而存天理耳。犹炼金而求其足色，金之成色所争不多，则锻炼之工省，而功易成。成色愈下，则锻炼愈难。人之气质清浊粹驳，有中人以上、中人以下，其于道有生知安行、学知利行，其下者必须人一己百、人十己千，及其成功则一。后世不知作圣之本是纯乎天理，欲专去知识才能上求圣人，以为圣人无所不知，无所不能，我须是将圣人许多知识才能逐一理会始得。故不务去天理上着功夫。徒弊精竭力，从册子上钻研，名物上考索，形迹上比拟。知识愈广而人欲愈滋，才力愈多而天理愈蔽。正如见人有万镒精金，不务锻炼成色，求无愧于彼之精纯，而乃妄希分两，务同彼之万镒，锡、铅、铜、铁杂然而投，分两愈增而成色愈下，既其梢末，无复有金矣。"（《传习录答蔡希渊问》）

这番话可谓妙喻解颐，圣人中可以分出等第，有大圣人小圣人第一等第二等圣人乃至第九十九等圣人，而其为圣人则一。我们纵使够不上做一万斤重的一等圣人，最少也可以做一两重一分重乃至一厘重的第九十九等圣人。做一厘重的九十九等圣人，比诸一万斤重的一等凡人或坏人，其品格却是可贵。孟子所谓"人皆可以为尧舜"，必要如此方解得痛，否则成为大妄语了。

当时有一位又聋又哑的人名叫杨茂，求见阳明，阳明和他笔谈，问道："你口不能言是非，你耳不能听是非，你心还能知是非否？"茂答："知是非。"阳明说："如此，你口虽不如人，你耳虽不如人，你心还与人一般。"茂首肯拱谢。阳明说："大凡人只是此心，此心若能存天理，是个圣贤的心，口虽不能言，耳虽不能听，也是个不能言不能听的圣贤，心若不存天理，是个禽兽的心，口虽能言，耳虽能听，也只是个能言能听的禽兽。"茂听了扣胸指天。阳明说："……你但在里面行你那是的心，莫行你那非的心。纵使外面人说你是也不须管，说你不是也不须管。"茂顿首拜谢（《论泰和杨茂》）这段话虽极显浅，却已把致良知彻始彻终功夫包括无遗。人人都有能知是非的心，只要就知之所及行那是的心不能行那非的心，虽口不能言耳不能听，尚且不失为不能言不能听的圣人。然则"圣人与我同类"，人人要做圣人便做圣人，有什么客气呢？至于或做个不识一字在街上叫化的圣人，做个功被天下师表万世的圣人，这却是量的分别，不是质的分别。圣人原是以质计不以量计的，阳明教学者要先办个必为圣人之志，所办，办此而已。

这样看来，阳明致良知之教，总算平易极了。然则后来王学末流，为什么会堕入空寂为后世诟病呢？原来阳明良知之说，在哲学上有很深的根据，既如前章所述。他说："心之本体便是知。"所谓"见得良知亲切"者，即是体认本体亲切之谓。向这里下手，原是一了百了的绝妙法门，所以阳明屡屡揭此义为学者提掇。但他并非主张"一觉之后无余事"者，所以一面直提本体，一面仍说："省察克治之功无时而可已。"而后之学者，或贪超进，惮操持，当然会发生处近于禅宗之一派，此亦学术嬗变上不可逃避之公例也。钱绪山说："师既没，音容日远，吾党各以己见立说。学者稍见本体，即好为径超顿悟之说，无复有省身克己之功。谓'一见本体，超圣可以跂足'，视师门诚意格物、为善去恶之旨，皆相鄙以为第二义。简略事为，言行无顾，甚者荡灭礼教，犹自以为得圣门之最上乘。噫！亦已过矣。"（《大学问跋》）王学末流，竟倡"现成良知"之说，结果知行不复合一，又陷于"知而不行只是不知"之弊，其去阳明之本意远矣。

附录三

《王阳明先生图谱》

　　"附录三"据1941年影印本，王阳明弟子邹守益所辑述的《王阳明先生图谱》而来。原书后记说："其《图谱》一册，亦当时弟子所辑述者，先生事略具载于斯。明嘉靖间曾刊而行之，三百年来，遗书零落。"现在见到的图谱，为早年间安徽籍藏书家程守中寻得善本影印而成。今附录于后，以飨读者。

王阳明传

附录三　《王阳明先生图谱》

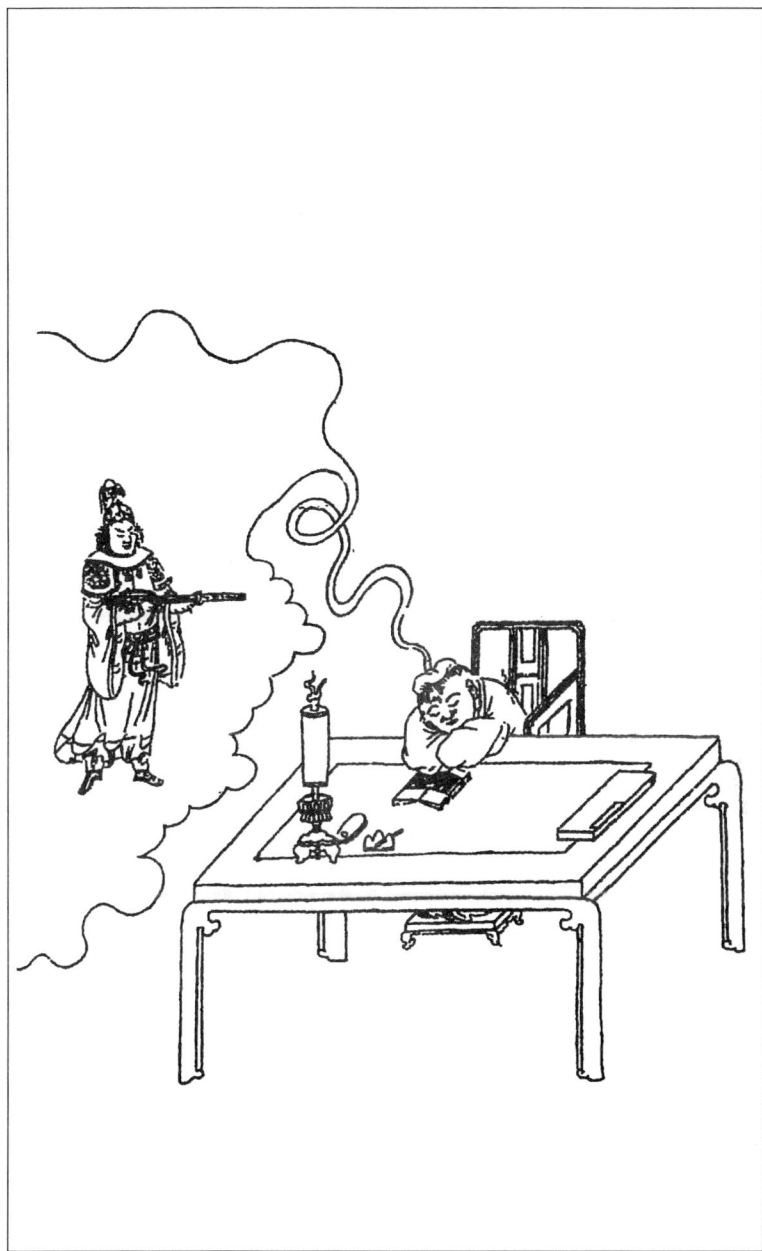

王阳明传

附录三 《王阳明先生图谱》

王阳明传

王阳明传

王阳明传

附录三 《王阳明先生图谱》

王阳明传

王阳明传

附录三 《王阳明先生图谱》

王阳明传

王阳明传

附录三 《王阳明先生图谱》 259

王阳明传

附录三　《王阳明先生图谱》

王阳明传

附录三 《王阳明先生图谱》

王阳明传

附录三　《王阳明先生图谱》　　　　　　265

王阳明传

附录三 《王阳明先生图谱》 267

王阳明传

附录三 《王阳明先生图谱》